国家出版基金项目
NATIONAL PUBLICATION FOUNDATION

"十二五"国家重点图书出版规划

中国古代名窑系列丛书

吉州窑

余家栋　刘　杨/著

江西美术出版社
全国百佳出版单位

　　我国陶瓷历史悠久，古陶瓷深受世人青睐，国内外倾其毕生精力搜集、珍藏、探索和潜心研究者不乏其人。近几十年来，随着国家对文物研究和保护力度的加强，有关部门对一些历史名窑相继进行了一定程度的发掘与整理，所掘精品迭出不穷，弥补了古陶瓷鉴赏中历史资料之不足。一些古陶瓷研究与鉴赏中的难题，也随着第一手资料的获得，迎刃而解。不少文物专家、学者，穷其一生着力于一个窑口的探索与研究，也取得了令人瞩目之成果。

　　江西美术出版社从需求和可能出发，策划出版《中国古代名窑系列丛书》，以各窑系、窑口古瓷的鉴赏命题，约请各方专家著述，这对于系统介绍唐宋以来各名窑名瓷详情、弘扬传统文化，实为可贵。每部书稿资料翔实，论述周详，剖析精微，相形于时下众多泛泛而论的鉴赏之作，实为述而有纲，言而有物。垂注于古陶瓷的鉴赏者如能从一个窑系、窑口的研究出发，触类旁通，这也是古陶瓷鉴赏的一条门径。

　　《中国古代名窑系列丛书》补史料之缺，应大众之需。编撰者已经辛劳数年，今观新篇，欣慰之至，志此数言，是为序。

耿宝昌

于北京

目录

第一章　吉州窑的地理位置与历史沿革

　　吉州窑是江南地区一座举世闻名的综合性瓷窑，它具有浓厚的地方风格与民族艺术色彩。吉州窑的丰富烧瓷经验和技艺高超的名工巧匠，对江西地区瓷业的发展提高，曾起过相当重要的促进作用。

　　吉州窑位于江西吉安县永和镇境内（图1），北距吉安市约八公里。在永和镇西侧约两公里长、一公里宽的范围内，废窑累累，瓷片和窑工具俯拾皆是，现今永和镇仍残存着一条条匣钵和窑砖铺砌的长街古道，南北纵横。这一带就是古"东昌"县县城的所在地。东昌地属吉州管辖，故名为

图1. 吉州窑本觉寺古窑遗址

"吉州窑"，又称为"永和窑"。

吉安县汉称庐陵，新莽后迭称恒亭、高昌，三国吴为庐陵郡，自隋迄宋均称吉州，元改称吉安路庐陵县。明称吉安府，属湖西道。民国复旧名吉安县。

吉州窑地处吉安县东南隅，濒临赣江，上溯赣州，下达南昌，背负绵亘数十里的浅山丛林，面对瓷土基地青原山"鸡冈岭"，自然资源得天独厚，有丰富的原料和燃料，交通条件极为便利。吉州窑在当时"海宇清宁"的环境下，又在邻近的丰城洪州窑、新干塔下窑、临川白浒窑、永丰山口窑和赣州七里镇等瓷窑的相互促进下得到飞速发展。《明东昌志》（手抄本）载："永和名东昌，地旧属泰和，宋元年间（1078—1085）割属庐陵，遂以泰和为西昌，永和为东昌。东昌之名，肇于此。""至五代时，民聚其地，耕且陶焉，由是井落圩市，祠庙寺观始。周显德初，谓之高唐乡临江里磁窑团，有团军主之。及宋寝盛，景德中（1004—1007）为镇市，置监镇司，掌磁窑烟火事，辟坊巷六街三市，……附而居者数千家。"元丰年间，永和由于瓷业繁荣兴盛，"百尺层楼万余家，连廒峻宇，金风桥地杰人稠，鸳鸯街弦歌宴舞"，当时之永和已是"民物繁庶，舟车辐辏"的"天下三镇"之一的瓷城了。《窑岭曾氏族谱》（清宣统三年本）载："永和东昌自唐宋末称胜地，而尤莫胜于宋，宋置大镇陶填于此市，有官司纲纪税务。其器用如炉、盘、缸、缶，至今犹存。""所出陶器皆极古雅，今虽久废。……而废窑则累累，然罗列其地如山如阜如冈如陵。"

第二章 | 吉州窑的分布概况

吉州窑遗址的分布范围自永和镇西侧，东北面由林家园、柘树下至西南部的塔里前、船岭下长达2公里，西北面由窑门岭至东南侧的辅顺庙宽达1.5公里，现有废窑遗址24处（图2）。总面积达80.525平方米，窑堆积为726,777立方米。兹按编号顺序概述如下：

1.窑岭 位于元"清都观"西南侧。与"讲经台"岭相遥望。窑高21.72米，面积9,200平方米，堆积113,796立方米。有明显的斜坡道（窑床）。方向北偏东28°，倾斜度15°。（图3）

2.茅庵岭 位于下窑岭西侧，与后背岭相连，堆积高20.10米，面积3,200平方米，体积38,000立方米。有明显的斜坡道（窑床），窑向南偏西130°，倾斜度23°。

3.牛牯岭 位于桥头与窑门两村之间，与乱葬戈岭毗邻。窑床斜坡道明显，窑向南偏东20°，倾斜度17°。堆积高17.77米，面积5,500平方米，体积57,100立方米。

4.后背岭 位于茅庵岭之南，枫树岭与蒋家岭之间。堆积内含与茅庵岭相同。在后背岭与枫树岭之间一平阔地面上，发现有残墙基遗迹，似为作坊遗址。堆积高17.30米，面积5,500平方米，体积57,100立方米。

5.窑门岭 位于窑门肖村西侧，枯树下岭之东南。出土遗物丰富，彩绘瓷精美。堆积高16.58米，面积7,800平方米，体积77,600立方米。

6.官家塘岭 位于本觉塔东南，上蒋岭与屋后岭之间。斜坡道（窑床）保存较好，窑向正东，倾斜度20°。堆积高14.50米，面积3,200平方米，体积32,500立方米。

7.屋后岭 位于本觉寺塔南端、官家塘岭与七眼塘之间。这里出土一件碗内底有酱褐彩款"本觉"两字，是研究本觉塔和永和镇历史的好资料。斜坡道尚好，窑向北偏东60°，倾斜度20°。堆积高14.15米，面积3,700平方米，体积37,000立方米。

8.猪婆石岭 位于天足岭南端、七眼塘岭之西。斜坡道（窑床）明显，窑向北偏东24°，倾斜度23°，堆积高14.05米，面积3,700平方米，体积

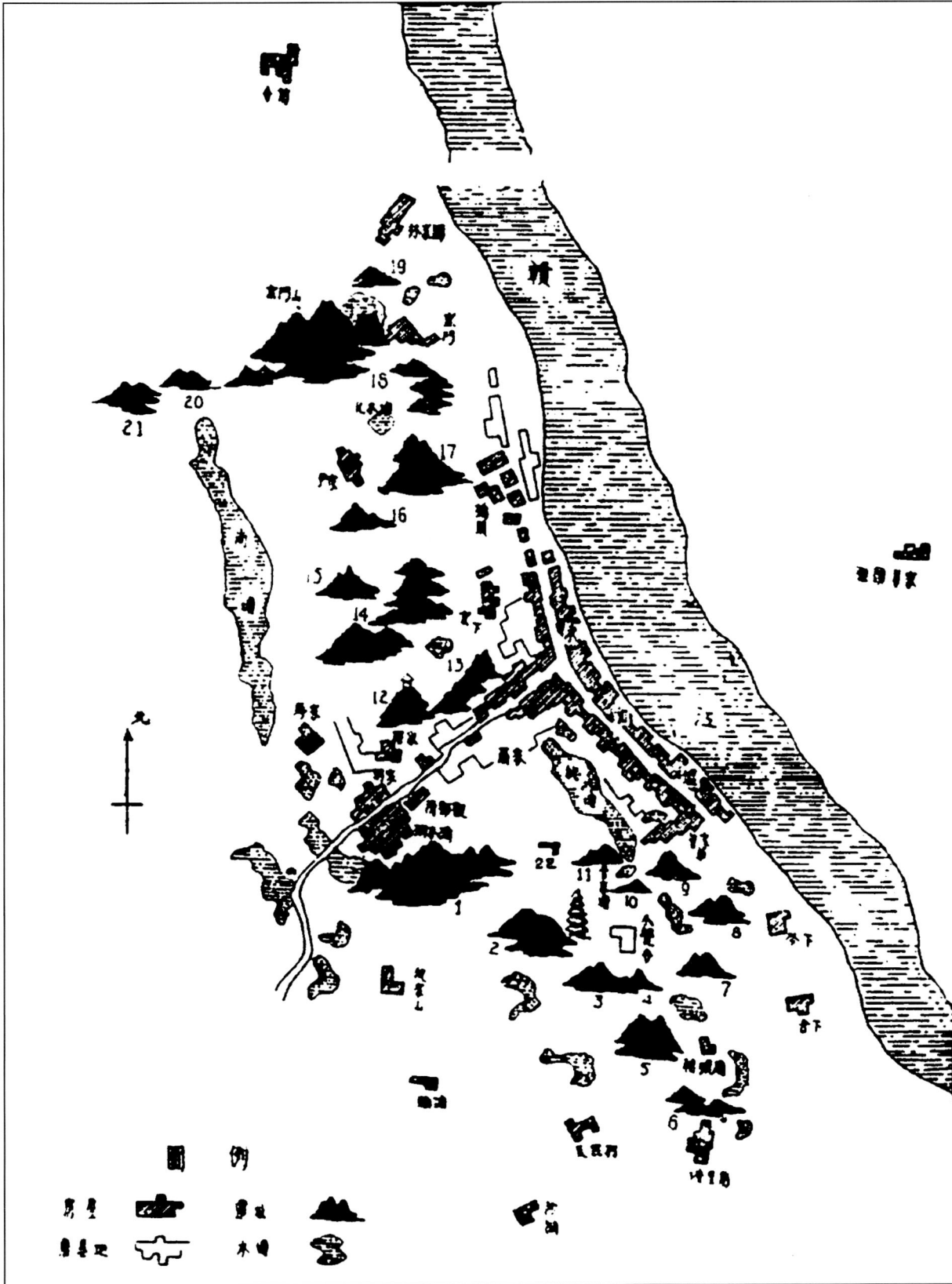

图2.吉州窑永和镇遗址窑岭分布图

图3.至今尚见斜坡道窑床基形的窑岭遗址

36,600立方米。

9.蒋家岭 位于尹家山岭东南端，与后背岭、茅庵岭毗连，堆积高13.97米，体积40,100立方米。

10.七眼塘岭 位于船岭下村北端，屋后岭与猪婆石岭之间。有斜坡道，窑向南偏东85°，倾斜度11°。堆积高12.30米，面积3,850平方米，体积33,100立方米。

11.松树岭 位于船岭下村南端，为永和镇最南面的一个窑址。窑床斜坡道完整，窑向北偏东5°，倾斜12°。堆积高10.95米，面积40,500平方米，体积31,000立方米。

12.曹门岭 位于曾家村东南侧。近旁发现有排列整齐的砖柱，似为制瓷作坊遗迹。有窑床斜坡道，窑向正南，倾斜10°。堆积高10.60米，

面积2,500平方米，体积19,100立方米。

13.乱葬戈岭 位于牛牯岭西侧。堆积残高10.60米，面积1,400平方米，体积10,000立方米。

14.尹家山岭 位于尹家村之南，与蒋家岭毗邻。堆积残高10.40米，面积4,300平方米，体积44,400立方米。

15.本觉寺岭 位于塔西南侧，与天足岭毗邻。揭露窑床一座。堆积高1.03米，面积1,500平方米，体积11,100立方米。

16.上蒋岭 位于永和镇南侧，与岭下村毗邻。斜坡道明显，窑向南偏西44°，倾斜度16°。堆积高9.40米，面积2,800平方米，体积18,400立方米。（图4）

17.讲经台岭 位于窑岭东南侧。

窑向正东。堆积残高9.14米，面积2,000平方米，体积18,600立方米。

18.曾家岭 位于曾家村西南侧，与讲经台岭隔塘相望。窑向南偏东8°，倾斜度10°。堆积残高7.90米，面积1,300平方米，体积6,700立方米。

19.斜家岭 位于枫树岭之东，与桐木桥作坊遗址毗邻，堆积残高6.78米。面积1,820平方米，体积8,627立方米。

20.枫树岭 位于后背岭东南侧，与作坊遗址紧连，窑床斜坡道方向南偏东40°，倾斜13°。堆积高5.78米，面积3,560平方米，体积23,328立方米。

21.柘树岭 位于窑门岭西北，是吉州窑最北面的一个窑址。堆积残高5.90米，面积1,200平方米，体积

4,900立方米。

22.肖家岭 位于下窑村东南侧，堆积残高4.50米，面积3,000平方米，体积13,000立方米。

23.天足岭 位于猪婆石岭之北，与本觉寺岭毗邻。堆积残高5.19米，面积2,100平方米，体积7,600立方米。

24.下瓦窑岭 位于吉州窑最西南

侧。因早年被挖毁，几夷为平地。堆积残高1.30米，面积780平方米，体积700立方米，遗物甚少。

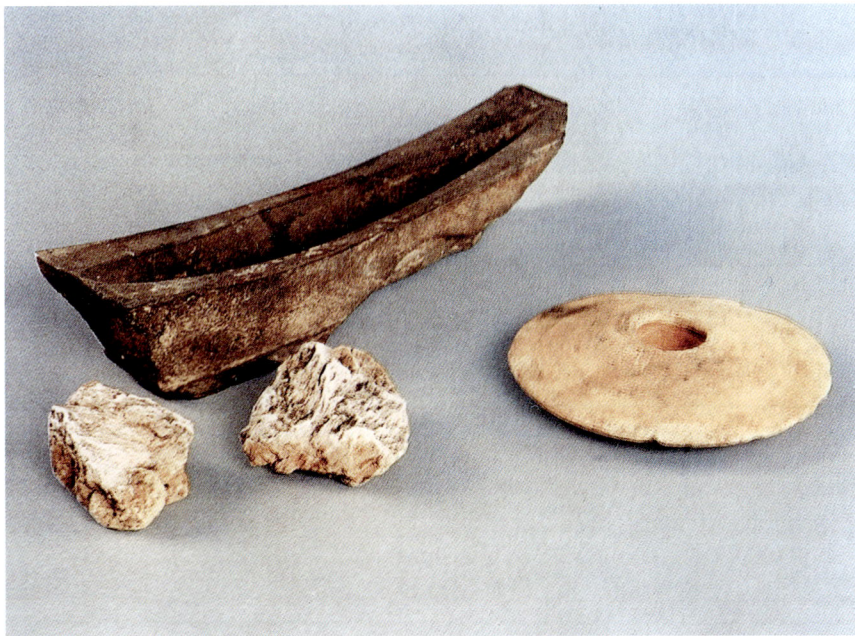

图4.上蒋岭出土的碾槽

第三章 | 吉州窑的瓷器类别与纹样装饰

吉州窑瓷器种类繁多，纹样装饰丰富多彩。按胎釉可分为青釉、黑釉、乳白釉、白釉彩绘和绿釉等类。在装饰技法上，采用洒釉、剪纸、贴花、剔花、印花、彩绘、划花和堆塑等，使产品变幻无穷，丰富多彩，在瓷器的实用性与艺术性的结合上得到统一。吉州窑已成为釉色广泛、造型多样、装饰艳丽的一大综合性瓷窑。

（一）青瓷类

有青绿、米黄、酱褐等釉色。在酱褐釉瓷方面，本觉寺窑床底下层和同层位的天足岭堆积层中发现有酱褐釉碗、罐和短流注壶等一类器物。这两处都是未经扰乱的堆积层。它的烧造方法和浙江绍兴出土的三国青瓷及唐越窑烧造技法相同，使用的是高岭土衬块烧。此类器与丰城洪州窑晚唐间烧造的短流注壶、双系罐、河南鹤壁集窑瓷壶、注子和双系罐等相近似，郑州、

洛阳唐墓也有此类器出土。吉州窑这类青瓷器质粗夹细砂，胎釉间先敷一层"化妆土"，再浇一层酱褐釉。釉不及底，碗内衬贴5～6块高岭土，免叠烧时搭釉。这些产品的烧造年代可提早到唐代晚期。青灰、米黄釉瓷器在尹家山岭、上蒋岭、茅庵岭和作坊内均有出土，胎质灰白，较坚，数量很少，与吉州窑的胎质相同，属于"丁种胎坯"一类。主要器物有莲瓣纹高足杯，刻划缠枝暗花碗、浅腹盘、鼎炉、圈足盘、素面高足杯和碟等，有的施釉不及底，开冰裂细片。盘、碗和素面高足杯等一类器，底露紫红色不施釉的"血底足"，其中莲瓣纹高足杯似五代期间烧造，其他器物均见于江西省南昌、清江、东乡和新干等地宋元墓。从胎釉分析，应是吉州窑烧造。有的如仿龙泉釉高足杯，因火候、胎土和烧造技术上的差异，釉色青中泛黄。

（二）乳白釉瓷类

胎质灰白较细。以碗、盏、碟、钵为多。属"丙种胎坯"。釉色白中泛青黄，釉薄不及底，近似早期影青瓷。底足切削较粗糙，底式有平底、宽和窄圈足之分，有的圈足高达2.7厘米。乳白釉瓷以碗为多，一般可分为13种形制，窑床底下堆积层所出厚唇和折唇碗，始烧于晚唐五代，至元代末期。碗内底一般多印有"吉"（图5）"记""太"或酱釉书以"吉""记""福"，少数器书"慧""太平"和"本觉"等款识。常见器形还有玉壶春瓶、器盖、粉盒、小罐和玩具等。乳白釉瓷以印花装饰为主，多见于碗、瓶和碟一类器。印花碗内底多饰梅花、缠枝花卉、双鱼戏水或凤采牡丹图案，口沿空间以回纹填补。玉壶春瓶器腹两侧压印一组鸾凤主题图案，图案以外的空间都饰以缠枝牡丹，近底部环以凸如意首纹一周。主题突出，纹样严谨，图案精致，布局匀称，饱满明丽，达到了装饰与造型的统一，具有定窑型印花瓷的典型风格。这说明吉州窑不仅富于创新，还善于博采众长。

（三）白釉彩绘瓷类

彩绘瓷属釉下彩，是直接在胎坯上彩绘，然后施加薄釉。它与磁州窑彩绘瓷先在胎壁上涂以白粉，然后施釉再着色彩不同，两者似有承前启后的密切关系。此类彩绘瓷的胎釉与乳白釉瓷相同，属于"丙种"或"丁种"胎坯。主要器物有罐、瓶、盆、炉、壶、枕、粉盒、器盖和玩具等。纹样装饰多为吉祥如意等与民间习俗相关联的写意画。如蛱蝶、双鱼、双鸭戏水（成双）、跃鹿（禄）、鹊（喜）、回纹（连续不断）等；与绘画相连的折枝梅、芦草、梅竹以及和图案有关的海涛、八卦、六边形和连弧纹等。画面的各种构思都是根据不同的造型需要而设计的，远看主题突出，近观纹样精细。1980年冬，窑门岭出土一件彩绘瓶，口沿虽稍残，但纹样精美生动。根据瓶的器形，主题花纹安排在器腹两侧，腹部勾绘两对称之四连弧开光，主题纹饰为双鸭戏水，生动活泼，以外空间点缀池荷岛石，颈部绘以连绵不断的回纹、窗外绘以汹涌澎湃的海涛纹作衬托，从图

图5."吉"字铭文碗

案的设计意图分析，选用的主题是反映吉祥如意、成双成对的双鸭活跃于池塘中，使画面有动势感，整体设计围绕着"动"来展开，但又不失其稳定性。双鸭戏水是国画写意手法，回纹、海涛纹的构图又是图案的章法，两者结合得匀称和谐、自然完美。这种主题突出、构图精美、色彩柔和、画笔娴熟纤细的手法，形成了作品的清晰、含蓄、秀丽的地域特色和时代风格。根据器形的不同特点，一般来说，瓶类颈部饰弦纹、回纹，腹部饰海涛或六、四连弧开窗，内多绘跃鹿、双鸭戏水图案，有的则绘芍药、飞蝶、梅花，点缀以竹叶或缠枝花草，构图静中有动，有起伏节奏的变化，具有安定、和谐、新颖的美感。罐类器亦多饰连弧开光、跃鹿、海涛、

花蝶、芦草和莲瓣纹；盘多绘双鱼戏水、疏朗、活泼、景情交融，使装饰艺术与器物的形制配合得十分协调。壶类器多饰花蝶、缠枝蔓草、梅花、芦草纹样。杯形器多饰宽窄弦纹、梅蝶纹。粉盒盖面多为弦纹、葵花、梅花、芦草、芦雁、莲瓣和乳钉纹样。瓷枕边沿多为宽带弦纹，内为三弧、八弧开窗，窗内绘以梅竹、松枝、海涛纹，有的为四边连续或六边"山"字形构图，也有彩书"情如流水恨无□□……"的诗句。鼎炉颈部多饰回纹、腹为连弧开窗，内绘梅竹、莲花、跃鹿、八卦、鸳鸯戏水，窗外衬托以莲瓣、四边或六边几何纹样，从炉体造型特点的需要，使装饰和造型达到协调统一。

（四）黑釉瓷类

黑釉瓷是吉州窑一朵开放"异彩的山花"，又称之为"天目瓷"。它利用廉价的天然黑色涂料，通过独特的制作技巧，产生变化多端的釉面与纹样。达到清新雅致的效果，表现出民间的"实用艺术和朴素风格"。常见器物有碗、盘、碟、钵、瓶、壶、杯、高足杯、鼎炉、罐、器盖和玩具等。（图6、图7）胎质夹细砂，与蒋玄佁在《吉州窑》中所述"丙种"或"己种"胎坯相同。

黑釉瓷纹样装饰大体有剪纸贴花、彩绘、洒釉、剔花、刻花、划花、木叶贴花和素天目等。其中剪纸贴花和木叶贴花装饰仅见于吉州窑，是风格独

图6.北宋黑釉乳钉纹罐

图7.北宋黑釉四系罐

图8."舒家记"铭文瓷片及摹绘稿

特的装饰。而"油滴""兔毫""洒釉"等窑变色斑更是黑釉瓷中的名贵品种。据史书记载，宋人斗茶品茶专尚兔毫盏。宋徽宗说过："盏色以青黑为贵，兔毫为上。"苏东坡也有"忽惊午盏兔毛斑，打出春瓮鹅儿酒"的诗句。新近出土的有木叶纹、鸾凤纹、鹿树兔毫纹、月梅纹、月竹纹、洒釉芦荻纹、散缀梅花、虎皮斑、剔花填釉折枝梅等。各种窑变色斑犹如云雾、细雨、夜空繁星、风雪中的芦花、玳瑁的甲壳、虎皮的纹斑或青、蓝、绿、紫的火焰，这些异彩缤纷、变化万千的釉面装饰，反映了当时人们对大自然美好景致的记忆，形象生动逼真。剪纸贴花多运用在碗盏内壁，采用同一样式的剪纸，三点或四点均齐排列，口沿衬以二方连续的带状花边，使画面整体与盏碗轮廓匀称协调。出土的一件鸾凤贴花碗，用两张花纹相同的鸾凤剪纸，以盏、壁一线为中心，两侧对称排列，空间两侧衬以朵梅，图案整齐疏朗、稳定平衡。另出土的木叶纹装饰和剪纸贴花一样，它们不愧是吉州窑装饰艺术中风格独特的

两朵鲜花。这种木叶纹多装饰在黑釉碗（盏）内，有单片的木叶，有半叶挂于盏边的，也有双叶叠落或三叶散落的。这种装饰艺术富有真切的写实性，说明吉州窑在瓷器的装饰技法上具有很高的造诣。吉州窑黑釉彩绘瓷多为月光下梅树、竹枝、飞蝶或风雪中的芦花，画笔娴熟、端庄粗放，有动有静、笔简意深，富有含蓄隐晦的风味和浓厚的国画意境，开了釉上彩绘的先河。在文字装饰上，有压印、彩书"吉""记""福""慧""太平""粉盒十分""尹家个""本觉""舒家记"（图8）或剪纸"金玉满堂""长命富贵"和"福寿康宁"等。这些寓意幸福的吉言，表达了民间习俗和向往美好欢乐的愿望。黑釉剔花填釉折枝梅装饰，迎雪盛开、郁郁有香、别具雅趣。简练的刀法，剔画得形神兼备。

瓷塑技艺也颇具盛名。《景德镇陶录》卷七载："宋时吉州永和市窑……惟舒姓烧者颇佳，舒翁工为玩具。翁之女名舒娇，尤善陶，其庐瓮诸

色几与哥窑等价。花瓶大者值数金，小者有花。"各种瓷塑包括有人像、牧童骑牛、鸡鸭、牛、虎、象棋、瓷珠等；其中牧童骑牛与韩国海域中国元代沉船中的景德镇窑牧童骑牛瓷塑极相近似。这些优秀的装饰艺术，对研究宋代窑业、地方历史和服饰是一重要借鉴，至今仍是我们陶瓷工艺上值得继承和发扬的珍贵遗产。

（五）绿釉瓷类

绿釉瓷属于低温铅釉。主要器形有盆、枕、碗、盏、碟、长颈瓶、壶、三足炉、器盖和建筑饰物等，以枕为多。胎质粗松，属"丙种胎坯"。主要纹样有弦纹、蕉叶、乳钉、缠枝牡丹和水波纹等，均系釉下刻划或压印。瓷枕以北部各窑堆积发现最多，这类瓷枕在江西修水、临川和丰城等地均有发现。

吉州窑还烧造黄釉瓷。主要器形是三乳足鼎炉、炉壁压印有凸瓣牡丹或水波纹样。

第四章

窑床结构

目前资料表明，吉州窑本觉寺窑床类型与古代江南产瓷区一样，属斜坡式"龙窑"，但仍具有自身特点。窑床系自平地起建，先用匣钵、瓷片和砂土垫底，窑床就建在此堆积之上，该窑床底共有三层烧结面，每层厚约0.5～10厘米。平面呈船形，斜长36.8米、宽0.42～3.95米，窑头火膛保存完好，窑口呈"L"形，窑头至火膛并加砌两层红砖，起加固作用。窑头至窑尾倾斜12°，窑床两壁用红砖横平错缝铺砌，壁面经长期烧烤，布满一层褐绿色烧结面。窑尾呈"八"字形，后壁用红砖横平铺砌，并间隔砌有三个砖柱，砖柱均凸出后壁4厘米，后壁宽2.74米、残高0.5米。从坍塌遗迹得知窑顶采用红砖券拱。窑底采用自然土夯筑，经釉汁渗透与高温焙烧，窑底已形成一层烧结面，十分坚实。窑床东西壁以外，还残存两道废窑壁。废窑壁之外，残留有护窑墙，用红砖砌叠。东侧残存有台阶遗迹。中段窑壁外至护窑墙之间有两个长方形砖框，形似窑门通道遗迹。护窑墙外为废品堆积层，高出护窑墙0.5～2米。

本觉寺岭窑床结构（图9）具有窑身长大宽阔、火膛狭小，坡度高陡，窑门双开、火焰抽力大、温度上升快等特点。根据窑底断面实测证实，该窑经过三次改建，延续使用时间较长。从该窑床结构和出土遗物以及窑底以下堆积层分析，吉州窑的烧造历史长、规模宏大，能同时烧造粗细瓷、高温和低温釉瓷。通过发掘和调查资料证实，吉州窑现有24处窑址，均系废弃瓷片物堆积。吉州窑这类"龙窑"多系平地起建，并非龙泉窑和德化窑那类"依山而建"的"龙窑"结构。从本觉寺窑床结构和窑底下堆积层所出遗物分析，该窑建于晚唐、五代，最上层窑床应为宋代遗迹。

根据《天工开物》等史书记载，烧瓷程序一般是瓷器成坯后，放入匣钵准备装烧，在垒匣钵之前要先将细瓷和粗瓷分拣，根据窑室各部位火候大小、温度高低，仔细考虑装烧位置，这样才能烧造成各种温度不同、胎质粗细不同的瓷器。因为窑室内温度差异很大，窑床（纵向）前、中、后三部分，后室温度低，气氛不易控制：（竖向）上、中、下，上层温度最高，下层温度最低，所以后室与下层只适宜装烧粗瓷或低温釉瓷。长方形"龙窑"与圆形"馒头窑"特点不同，它利用自然坡度，可以起到烟囱的抽力作用，使窑室内有必要的通风，又能使燃烧后的废气排出窑室之外，气温能在窑室内均匀地畅通。

明宋应星《天工开物》卷中载："凡缸瓶窑不于平地，必于斜阜山冈之上，延长者二三十丈，短者亦十余丈。……盖依傍山势，所以驱流水湿滋之患，而火气又循级透上。""其窑鞠（拱）成之后，上铺覆以绝细土，厚三寸许。窑隔五尺计则透烟窗，窑门两边相向开门，装物以至小器装在前头低窑，绝大缸装在最末尾高窑……"元蒋祈《陶记》亦云："窑之长短，率有定数，官籍丈尺，以第其税。而火膛、火栈（火路）、火尾，则不入籍。……土坯既

匣，垛而别入，审厥窑位，以谨布置，谓之障窑……"《江西通志》卷九三亦有记述："民窑烧器自入窑门始九行，前一行皆粗器障火，三行间有好器，杂火。中间前四、中五、后四皆好器，后三、后二皆粗器，视前行。'"一窑瓷器"须用柴六十损溜火（缓火升温排水）三日夜，紧火（还原焰）一日一夜，住火三日方可出窑"。《江西省大志》"窑制"亦有同样的记载。吉州窑窑床遗迹结构，与文献记载的装烧程序是相一致的。

图9.本觉寺岭窑床保护房内景

第五章 作坊遗迹

新近揭示的桐木桥作坊遗迹设置于窑堆积近旁的平地之上，位于枫树岭与斜家岭两窑之间。布局与浙江龙泉、陕西耀州窑相类似。从作坊内各项遗迹分析，作坊邻近窑床、晾坯场、原料加工场，生产工序和布局都比较合理。作坊生产设备齐全，分工较细，构筑是十分讲究的。作坊采用长方或正方形砖铺地，铺地砖之下使用大小匣钵（内均黏结有乳白釉瓷碗）奠基。

作坊布局合理，东北角砌有练泥池，池西南砌有两组共4只圆形淘洗池。作坊中段砌设两道搅拌瓷泥用散水槽，将作坊分成东西两大部分。作坊西南端和正南各砌蓄泥池一处（图10）。作坊西面留有方形柱基。据此分析，作坊东段是瓷泥淘洗、翻扑操作区，作坊西段则是制坯操作区。

从遗迹叠压与打破关系和所出遗物分析，此作坊建筑使用时间很长，中经维修与改建。作坊所出酱褐釉碗属晚唐遗物，奠基层匣钵内所粘结的厚唇碗，胎质较细，碗唇凸窄，高圈足，乳白薄釉不及底，似属五代晚期或北宋早期之遗物。乳白釉刻花玉壶春瓶和高足杯为各地元墓常见器物，与北京元大都旧址所出枢府釉高足杯亦相近似，而韩国海域中国元代沉船中也有发现。据此分析，作坊上限可到五代或北宋初，下限可至元代晚期，所掘作坊上层遗迹主要为元代建筑。

吉州窑这类作坊凹槽在河南鹤壁集瓷窑亦有发现。河北曲阳定窑北宋层也发现有作坊瓷泥槽两处。但吉州窑作坊遗迹构筑严谨。砌叠规整精细，是目前少见的一处作坊遗迹。这处遗迹清晰地展现了古代制瓷生产的各项程序。

根据前述文献记载可知，我国古代制瓷大致可归纳为原料开采和炼制、胎泥和釉浆的配合、瓷坯成形、施釉、装烧和加彩等程序。每一过程还包含若干工序，其中如胎泥、釉浆的配合和胎坯成形方面，工序是很繁缛的。元蒋祈《陶记》中有"陶工（瓷器成形工序中各工种工人的泛称）、匣工、土工（淘洗翻扑揉泥）、利坯（用削刀旋削胎坯）、车坯（陶车拉坯）、釉坯（坯胎上釉）之有其法，印花、画花、雕花之有其技，秩然规制，各不相紊"的记述，这段记述说明，在制作瓷器过程中，因陶工、匣工、土工操作对象不同，工艺上不允混杂，作坊内应有各自的工作场所。

图10.桐木桥制瓷作坊蓄泥池遗迹

第六章

吉州窑的烧造历史

过去陶瓷考古界前辈们对吉州窑的烧造历史曾有过不少研究。有的认为吉州窑创烧于唐，至宋末或元两度衰退。《明东昌志》载："（永和）至五代时，民聚其地，耕者陶焉。……（五代）周显德初，谓之高塘乡临江磁窑团，有团军主之。"《窑岭曾氏重修族谱》（宣统三年本）载："永和东昌自唐宋来称胜地，而尤莫胜于宋"。蒋玄佁在《吉州窑》一书中亦云："在吉州窑遗址中发现的早期青瓷，它的烧造方法是衬块烧。在绍兴出土的三国纪年瓷器，即用此原始方法。迟一些时代的是余姚窑的"大中八载（854）残器。""从目前的资料来看，吉州生产褐釉瓷可能性最大"，"有人论吉州窑是中国唐代以来重要窑之一是不无理由的"，"吉州窑的衰落时期的第一阶段应是12世纪末期"，"但这并不能肯定在元代吉州窑就完全熄灭了窑火"，吉州窑成为废址，其中可能有一次极大的变乱。以致"使得窑工连取铁工具的时间也来不及"。有的先生也认为："吉州窑是唐末五代兴起"，"文天祥兴兵抗元战争的影响，致使瓷业停止烧造"。[1]

另一种意见认为吉州窑创烧于北宋，至南宋末年停烧。《吉安县志》卷四八载："宋末，（吉州窑）土尽窑变，故移之浮梁。"《青原山志》卷二载："宋时，（吉州窑）开窑取鸡冈、龙度腻土作器，四方鳞集，烟火数千家"，至"宋末土尽窑变，故

[1]　唐昌朴：《吉州窑的兴废问题》，《西南师范学院学报》1980年第3期

移之余干"。《增补古今瓷器源流考》载："宋时吉州永和市窑，……舒姓造者佳。"《景德镇陶录》卷七载："宋时吉州永和市窑，……昔有五窑。"吴仁敬《中国陶瓷史》载："相传文丞相过此，窑变为玉，工惧，封穴而逃之饶。"曹昭《格古要论》载："相传文天祥过此时，其窑停止烧造。今其窑尚有遗迹，永乐中或掘有遗物。"过去多因局限于采集资料，故上述各见解均缺乏可靠的实物依据。现就发掘资料做一浅析。

1. 吉州窑创烧于唐代晚期，中经五代、北宋，鼎盛于南宋，至元末终烧，具有1200多年的烧造历史。晚唐时期以烧造酱褐、乳白釉瓷器为主。

2. 酱褐釉碗、罐、壶，乳白釉唇口碗、折唇碗等，为各地唐墓常见器物。浙江唐窑和江西洪州窑都出土有同类的器形，酱褐釉碗内底均粘贴有4～6个"衬块"，"衬块"支烧也是唐代的烧造风格。天足岭底层所出卷唇双系短流注壶、外折唇短流注壶，均为唐代典型器物，洪州窑窑里、罗坊等晚唐堆积中双系短流壶、宽口双系短流注壶、外折唇短流注壶，均为唐代典型器物，都与上述同类器极相近似[2]。江西黎川唐墓陶壶、碗[3]，湖南长沙近郊五代墓陶壶[4]，河南鹤壁集晚唐注壶、五代注壶、罐等[5]均有地层叠压为依据。南昌

碑迹山唐墓青灰釉罐、酱褐釉罐，伴出有"润"字"开元通宝"，应是晚唐武宗年间所铸[6]、河北曲阳唐墓酱釉碗、注壶[7]、陕西耀州窑晚唐注壶、四川灌县玉堂公社"咸通□年""广明元年"龙窑出土短流注壶、双系罐和扬州五代墓执壶[8]等上述器物，均与吉州窑酱褐釉瓷同类器形相近似。

吉州窑所出乳白釉厚唇碗、折唇碗和窑床底以下堆积层伴出的窄唇高足盏与各地唐代瓷窑和墓葬所出多相近似。这些乳白釉瓷，多出自窑底层以下堆积，有地层叠压关系，施半截釉，胎质较粗松，形制均近似晚唐和五代器（图11）。南昌唐大顺元年（890）

图11.晚唐乳白釉厚唇碗

[2] 《丰城县考古简讯两则》，《江西历史文物》，1980年第1期

[3] 《考古》，1965年第4期

[4] 《略谈长沙的五代两宋墓》，《文物》1960年第3期

[5] 《河南鹤壁集瓷窑遗址发掘简报》，《文物》1964年第8期

[6] 《江西南昌碑迹山唐代木椁墓清理》，《考古》1965年第5期

[7] 《河南曲阳涧磁村发掘的唐宋墓葬》，《考古》1965年第10期

[8] 《江苏扬州五台山唐、五代、宋墓发掘简报》，《考古》1964年第10期

图12.北宋酱褐釉短流注壶

木樟墓乳白釉厚唇碗[9]、南昌碑迹山晚唐武宗年间白釉厚唇碗[10]、江苏扬州五代墓白釉厚唇碗、新海连五代墓"吴大和五年"厚唇碗[11]、四川成都磨盘山五代后蜀主孟知祥和"福庆长公主"夫妇合葬墓白釉厚唇盏[12]以及广州唐"大中十二年（858）白釉碗[13]，均与吉州窑乳白釉瓷的器形极相近似。

从各地瓷窑址出土的乳白釉或白釉瓷等资料看，赣州七里镇窑烧造历史与吉州窑相近，七里镇窑白釉厚唇碗近似吉州窑厚唇碗。其他如陕西耀州窑五代白釉厚唇碗、河北定窑晚唐和五代白釉厚唇碗[14]，曲阳唐墓白釉厚唇碗、折唇碗[15]，景德镇湖田窑五代白釉厚唇碗[16]均与吉州窑同类乳白釉瓷器相近似。但晚唐也流行这种唇口碗。冯先铭同志在《定窑》分册中曾说过："从多次调查窑址与小面积发掘所获的瓷器及标本分析，可以确定曲阳涧磁村烧瓷创始于唐……这类碗的相对烧造时间是唐代后期，唇口碗五代时仍继续沿用"，这一推论对吉州窑上限的断代同样有着很大的参考价值。

3. 从北宋开始，酱褐釉停烧，乳白釉瓷继续烧造，但形制已发生变化，同时增加了新的黑釉瓷品种（图12），这一时期的乳白釉有涩圈、高圈足、瓜棱腹碗、褐色点彩钵、器盖、菱口碟、唇口碗等。其中常见物碗、钵、碟等施釉不及底，底足切削粗涩，形制近似宋风格，烧造工艺也具北宋特点。各类乳白釉钵，厚唇或卷唇，釉不及底，支钉烧，有褐色彩斑，平底或近宽圈足，似五代至北宋时烧造，德安景祐四年、康定元年和九江咸平五年墓影青釉钵与其造型相似。1952年至1954年期间，南昌市收集的影青碗、1959年宜丰宣和七年影青碗、1972年波阳政和元年熊本妻

[9] 《南昌市江西化纤厂发现唐代木樟墓》，《文物工作资料》1975年第4期

[10] 《江西南昌碑迹山唐代木樟墓清理》，《考古》1966年第5期

[11] 《江苏扬州五台山唐五代宋墓发掘简报》，《考古》1964年第10期

[12] 四川省博物馆陈列品介绍

[13] 冯先铭《记1964年在故宫博物院举办的'古代艺术展览'中的瓷器》，《文物》1965年第2期

[14] 陕西省考古研究所藏品和《河北曲阳涧磁村定窑遗址调查与试掘》，《考古》1965年第8期

[15] 《河北曲阳涧磁村发掘的唐宋墓葬》，《考古》1965年第10期

[16] 《景德镇湖田窑各期典型碗类的造型特征及其成因考》，《文物》1980年第11期

施氏墓影青碗[17]、江苏镇江"宋光禄卿"章岷墓影青葵口碟[18]、江西婺源宋宣和、靖康纪年墓菱口碗、唇口碟、江西彭泽元祐五年"大宋易氏夫人"墓影青葵口碟[19]等器物,虽不同于吉州窑乳白瓷的胎釉,但它们之间的造型仍多有相似之处,亦可作为断代的借鉴。

南宋时期的乳白瓷有各类碗、盏、粉盒等。这些器物多满釉,碗釉色晶莹润泽,开冰裂细纹,有的如回纹边、凤纹碗和芒口大平底印花碗均与南宋纹样和烧造工艺近似。

元代乳白瓷有各式碗、碟、高足杯和玉壶春瓶等。高足杯、芒口大平底印花碗、玉壶春瓶和芒口双鱼纹印花碟等,都是元代典型断代器。高安元代窖藏玉壶春瓶,万年元墓玉壶春瓶和韩国海域中国元代沉船玉壶春瓶(图13),高安元代窖藏高足杯,景德镇湖田窑高足杯、元大都遗址和北京昌平元墓高足杯[20]等,都与吉州窑玉壶春瓶(图14)和高足杯极相近似。

4. 根据目前资料分析,吉州窑黑釉瓷似在北宋时期才开始烧造。本觉寺窑床底以下堆积层所出遗物,全系晚唐、五代酱褐釉和乳白釉瓷,未发现黑釉瓷。吉安市北宋元丰五年墓出土过黑釉罐也是一例证。但两宋时期纪年墓黑釉瓷资料仍甚缺乏,准确的分期断代较为困难,还有待于今后新的出土资料来不断充实和更正。现仅从烧造工艺和施釉方法上的有关特点来对黑釉瓷的分期断代做点探讨。属于北宋时期的黑釉瓷有高圈足、唇口、束口、菱口瓜棱腹碗、盆、瓜棱腹壶和唇口杯等。上述器形如菱口、瓜棱腹多为北宋器之作风,

图13.元代贸易瓷彩绘花瓶

[17]　《江西波阳宋墓》,《考古》1977年第4期
[18]　《镇江市南郊北宋章岷墓》,《文物》1977年第3期
[19]　《彭泽北宋墓》,《文物工作资料》1973年第3期
[20]　《北京昌平汉唐元墓发掘》,《考古》1963年第5期

图14.元代吉州窑彩绘玉壶春瓶

束口碗底足切削较粗糙，类似早期青瓷底足的切削方法，施釉均不及底。蒋玄佁先生说过："这种早期青瓷，它的底足的切削方法与半截釉的吉州窑特征大致相符合。"景德镇五代、北宋器也多为半截釉。

南宋时期的黑釉瓷有芒口、敛口、卷唇、芒口外黑内白釉碗，芒口薄唇碟、盘、罐、瓶、注壶、鼎、杯和器盖等，上述器形如芒口、底足矮内凹，为吉州窑黑釉碗、盏最常见的特点，且多施满釉，具有南宋时期烧造作风。福建水吉建窑发现有一块刻划"绍兴十二月"铭文匣钵，这对考证建窑烧造时代有重要价值。其中建窑芦花坪一带常见的外黑内白釉瓷与吉州窑瓷器的釉色颇相近似。所以，吉州窑这类外黑内白釉瓷亦属于南宋时期烧造。元代时期的黑釉瓷有碗、碟、杯、高足杯、罐、黑釉彩绘折唇盆、扁腹壶、鼎、器盖。镂空炉和褐釉柳斗纹罐等器形。这一时期碗、盏、杯多芒口，腹斜削，器形较粗糙。折唇盆这种器形装饰为宋代所不见，与元代仿银器作风多相近似。各类长颈瓶元墓常有出土。其中黑釉瓶与元代梅瓶风格相近似。各式器盖和白色乳钉纹作风以及镂空和半环形小钮装饰在韩国海域中国元代沉船的大批元瓷中已

有发现。荷叶形器盖也是元代瓷器盛行的一种器形装饰。通过分析对比，说明吉州窑黑釉瓷器经历了北宋、南宋和元代三个不同时期，其延续时间较长，形制也略有变化。蒋玄佁先生在所著《吉州窑》一书中也曾提到："吉州窑遗址中堆积着大量的天目废品，充分表达了它的生产量之多和持续时间之长。"

5．从南宋开始，吉州窑出现了一种新的彩绘瓷，至元代彩绘瓷生产鼎盛一时。主要器形有粉盒。粉盒盖面有的彩书"尹家个"、"粉盒十分"。这"尹家"与"舒家"（舒翁窑）同时。方唇粉盒的形制近似宋代磁州窑器作风。

元代时期，彩绘瓷从形制到纹样装饰都有很大发展。主要器形有罐、海涛纹罐、鸳鸯戏水纹瓶、杯、镂空乳钉纹薰香、器盖和折唇盆等。海涛梅竹纹罐与南宋时期跃鹿纹罐纹饰风格不同，海涛纹瓶这类纹饰在中国元代沉船内已有发现。其他如连续几何纹地、锦地开光图案和乳钉纹以及半环形小钮均系元代瓷器中典型的装饰风格。镂空乳钉纹杯、荷叶形盖和半环形、三角形小钮器盖均与元代瓷器造型相似。折唇盆的彩绘纹样在宋代吉州窑少见，与磁州窑纹样近似，但其折唇的造型装饰则为元代

瓷器仿银器的一种作风。

目前各地出土的资料有绝对年代可考的彩绘瓷尚甚缺乏。1970年南昌县南宋嘉定二年陈氏墓彩绘莲荷纹炉、彩绘跃鹿纹衔灵芝草盖罐是南宋时期彩绘瓷断代的可靠依据。这种彩绘跃鹿纹罐炉在吉州窑均有出土，但多系碎片。1966年新干县城出土海水波涛纹钵，1972年吉安市出土彩绘盖罐，1981年吉安县收集彩绘开光梅瓶，其造型和纹样均为元代彩绘瓷作风。

6．吉州窑在北宋末期至南宋初期，出现了一种新的绿釉瓷，其中以枕为多。新出土的那种圆腰形蕉叶纹绿釉枕在修水、清江和吉水等地均有发现。有的枕底印有"舒家记"款，似为宋代"舒翁窑"产品。1981年底，在肖家岭出土一件有"元祖郭家大枕记号"铭文残枕底（图15），按其字意说，是指其远祖为宋代吉州"五窑"之一的郭家窑所烧造。元太祖至元宪宗（1206—1260）这一段时期未立年号。据此推测，此枕应是元代初、中期的产品。因绿釉瓷多系碎片，纪年墓出土资料甚少，确切的断代尚有待新的发掘资料去不断地加以印证。

综上所述，笔者认为吉州窑始烧于晚唐，发展于五代和北宋，兴盛于南

图15．"元祖郭家大枕记号"铭文枕底

宋至元代初、中期，衰退终烧于元代末期。至于吉州窑元末停烧之后，在明代中期是否又一度恢复短暂烧造的问题，根据明曹昭《格古要论》所载："（吉州窑）今其窑尚有遗迹，（明）永乐中或掘有遗物。"这说明，明代初期吉州窑已是一片荒芜的废墟了。又据《窑岭曾氏重修族谱》记载，清初乾隆三十五年间，瓷城永和已久废，"人亦时有掘得者，而废窑则垒垒，然罗列其地，如山如阜如冈如陵"。因此，就目前系统发掘之资料而言，在吉州窑的24处堆积中尚未发现明代瓷器堆积层，此与文献记载极相吻合。在明代吉州窑似已停烧。当然，限于发掘面积，除本觉寺窑床以外，均无发掘的地层做依据，纪年墓资料也甚缺乏，准确的分期断代还有待新的出土资料来不断充实和更正。

所谓"宋末土尽窑变"，文天祥抗元，"窑工弃工从戎"，致使"吉州窑成为废址"等论断似难于成立。根据史书记载，南宋德祐二年（1276）七月，文天祥重组军民抗元，派赵时尝等率军取江西宁都，吴浚取于都，刘洙和陈子敬等自江西各地起兵来会，声势大振。景炎二年（1277）五月，文天祥由汀州率师进军江西，经兴国直捣赣州城下，吉州所辖八县收复一半。照此推断，文天祥部队沿途所经宁都（东山坝窑、固厚窑）、宁都与永丰交界的山口窑赣州七里镇窑、大湖江窑和南丰、宁都交界的白舍窑等地窑工均应尽数参军，瓷窑业生产照例也难免灭顶之灾了。但据各地出土遗物判明，上述各窑元代仍然继续烧造。因此，要剖析吉州窑衰落的主要原因，还应从其半官窑的监督、封建行规的约束、官商的盘剥以及烧造技术上的因循守旧，产品相形见绌，瓷土资源渐趋缺乏，以致竞争不过有官方资助督办，资源技术条件得天独厚的景德镇窑。在激烈的竞争下，吉州窑和江西各地瓷窑一样，均被挤垮，元末最终停烧了。

第七章

瓷城永和「六街三市」考

瓷城永和镇北起林家园、柘树下、窑门岭，南至上蒋、辅顺庙，东起赣江，西至茅家边、翰塘、瓦窑一带，长2公里、宽1公里范围内，瓷片匣钵成堆，大街小巷全系窑砖瓷片铺路。当年瓷业兴旺，街市繁华的热闹景象可想而知。

昔日永和街市，以今之桐木桥肖家为界，当地称之为"中市"，往北为"下市"，以南称"上市"。以此线为中轴参照方志与族谱，找出了过去的"六街"是"瓷器街""莲池街""茅草街""锡器街""鸳鸯街"和"迎仙街（阁）"，其大致位置与调查中发现的永和古迹分布图（手抄本）基本吻合。现试作如下复原：

1. 瓷器街 南自本觉寺塔起，经曾家岭、曹门岭西侧，往东北直至赣江边。

2. 莲池街 自本觉寺塔起，往北经窑岭、讲经台，与迎仙街和锡器街交汇。《明东昌志》载："莲池街在中市

桐柱窑，益公致政开池，养莲以为游观之所，池长竟街，今塞为数池，悉民业。"今桐本桥村，窑岭一带宽长的池塘遍布，似昔日"莲池"遗迹。

3. 茅草街 西自茅家边往东与莲池街交汇，是烧瓷燃料的主要运输通道。

4. 锡器街 西自老翰塘村往东经桐木桥村，直与莲池街交汇。

5. 鸳鸯街 《明东昌志》记载："金凤桥地杰人稠，鸳鸯街弦歌宴舞。"当地族谱永和古迹图上亦未标明方位，但从"金凤桥"位置分析，"金凤桥"的位置大致在今永和街北段尽头的桥头村附近。"鸳鸯街"的位置当为北自桥头村起，经现今永和街内古街道遗迹往南至辅顺庙一带。这是当时最繁华的一条街道。这条长街沿赣江与"金凤桥"连接，此与古迹分布图方位是相吻合的。

6. 米行街（迎仙街） 史书上未见记载，据当地群众反映，即今永和小学附近。永和族谱古迹图上标有"米巷

口"和"迎仙阁"两处。笔者分析，"米行街"即"米巷口"，东自赣江边，往西穿过"鸳鸯街"，与"迎仙街（今永和小学附近）"连接。"迎仙街"即"迎仙阁"，东连"米行街"，往西经永和小学与锡器街连接。"迎仙阁"地处闹市区，所以这一长街总称"迎仙街"似更合情理。根据上述资料分析，笔者认为此乃当时瓷城永和镇主要的繁华街道即"六街三市"。

《明东昌志》所载"本觉寺""金凤桥""辅顺庙""清都观""金钱池""读书台""慧灯寺""智度寺"等名胜古迹大都能在《肖氏族谱》古迹图上见到。今仅有"本觉寺塔"和"清都观"犹存。

据屋后岭出土一件乳白釉碗，内底用褐彩款书"本觉"两字，这是研究本觉寺（塔）兴建时间的实物例证。《明东昌志》云："本觉寺记，庐陵为桂刹者累百，为禅刹者十，永和本觉其一也，寺肇创于唐"，"东昌本觉在上市，南有塔，唐开元时所建也"。上述"本觉"款铭乳白釉碗，其形制与施釉技法为北宋烧造。这说明本觉寺（塔）的始建时间应早于北宋。这可以印证"本觉寺（塔）"，"肇始于唐"和"唐开元时所建"的记载是比较确切的。

第八章

吉州窑与南北方各瓷窑的相互关系

宋代瓷业不论在生产数量还是烧造技法上，都有长足的进展，北宋时期，烧瓷窑场遍及全国。各个窑系都有自己的特色，开封的官窑、禹州的钧窑、汝州的汝窑、定州的定窑，都是北宋名窑。景德镇窑瓷底书"景德年制"四字。民窑瓷系如磁州窑、耀州窑、龙泉窑和吉州窑等星罗棋布。随着宋室政权的南迁，官窑也迁设南方，窑工南下使得制瓷技艺相互传播，这都促使江南地区制瓷业兴盛，吉州窑学习了北方烧瓷技术，从单一品种向多品种发展，各大瓷窑产品都进行烧制。因此，"吉州窑是继承和发扬宋元期间南北方民间瓷窑的典范，而发展成为一处闻名于世的综合性瓷窑。它除了烧制磁州窑釉下彩绘瓷外，还与北方的定窑、耀州窑，南方的建窑、龙泉窑、江西景德镇窑等窑系都有着密切的关系。对于它的全貌是不能以一个窑系概括得了的"[21]。

吉州窑与河北定窑关系至为密切，两窑起讫年代大致相同，定窑略偏早，创烧于唐，终烧于元代，"不见晚于元代的标本"。吉州窑始于晚唐，终烧时间与定窑相近。定窑所出晚唐、五代白釉厚唇碗、折唇碗、注壶和宋元间鱼纹印花碗、白釉口沿黑釉腹盏均与吉州窑同类器相近似。两窑的纹样装饰与烧造技法关系密切。吉州窑印花、刻花与定窑相似，图案素材大都取之于自然界，如植物中的莲花、牡丹、缠枝花草；动物中的鱼、龙云和鸾凤纹组成的图案以及回纹边和六格布局等，结构严谨，主次分明，疏密相间，给人一种富丽的感觉。两窑均采用过覆烧技法，吉州窑乳白釉芒口碗、盏、碟，外黑内白釉芒口碟等比比皆是，有的堆积中成叠发现。吉州窑芒口碗、盏、碟内所饰折枝花卉纹饰，显然是受定窑影响所致。冯先铭先生曾说过："定窑影响更大的还有一个烧造方

---

[21]　李辉炳：《略谈吉州窑》

图16.乳白釉印花碗摹绘稿

法,一般烧法是一个碗放在一个匣钵里烧,定窑却是反过来烧","这是定窑特殊的烧制方法,我们叫覆烧。这一方法对江西影响很大"[22]。吉州窑在定窑那种一个碗放置一个支圈烧造方法的基础上,改进提高到"圈状窑具",外呈圆筒形,内壁作齿圈状,一只覆烧器一次可装烧九件碗、碟。冯先铭先生还说过:"江南地区受定窑影响的有江西景德镇和吉州窑,南宋到元两窑多仿烧定窑印花装饰,器皿多属盘、碗、洗等小件器物,口部均无釉","就景德镇及吉州窑瓷说,六格布局方法以及花鸟纹饰,与定窑相同或近似的已看到不少,可以说在定窑瓷系之中,景德镇窑、吉州窑之

间的关系较其他瓷窑更为密切(图16)。南宋初期随着南宋王朝的南迁,一部分名工巧匠也到了江南地区,其中包括著名瓷窑的名工巧匠在内,这就是为什么两窑仿烧定窑印花瓷器的一个原因"。两窑所烧绿釉瓷也多相接近。1979年河北定县出土绿釉刻花枕与吉州窑绿釉枕极为相似。

磁州窑创烧于北宋,终烧于元,虽较吉州窑为晚,但同样有着至为密切的关系。磁州窑划花、刻花、印花、彩绘、点彩等装饰手法和装饰题材中的缠枝、牡丹、莲瓣、水波、花蝶、芦雁和游鱼纹等与吉州窑多相近似,图案线条流畅,主次分明,风格接近。两窑彩绘瓷都取

材于自然界,花纹均富于变化,既有写实特征,又有适当的夸张,生动活泼,自然豪放,地方民族色彩浓厚。两窑的彩绘技法都接受了纸上绘画方法,善于汲取其他瓷窑系优点,创造性地加以发挥,分别代表着我国南北民间瓷窑的烧造水平和艺术风格,两窑所烧八角形长方瓷枕,形制和纹样几乎相同,多在边际饰宽窄线一周,枕面开光,内绘花卉图案或书写诗词。尹家山岭出土一件残枕,底印阳文楷书"舒家记",印框为长方形,上下饰花叶纹;肖家岭出土一件底书印"元祖郭家大枕记号",上下饰花叶纹;1976年清江县出土一件底印"陈家印造",上下饰花叶纹绿釉枕,这都

[22]　冯先铭《中国陶瓷》定窑分册

图17.磁州窑牡丹纹彩绘瓶

与河北保定所出磁州窑"张家记"枕[23]和彩绘"张家枕""张家造"瓷枕款式以及印纹上下衬托花叶纹的形式和风格几尽相同[24]、两窑所烧品种，磁州窑以罐、瓶、枕和盆为多，吉州窑除罐、瓶、枕和盆，还烧制壶、碗等品种。

吉州窑烧造酱褐色青釉瓷、黑釉瓷、彩绘瓷、黄釉和绿釉瓷，此与磁州窑白釉、黑釉、酱釉、彩绘、绿釉和黄釉瓷等几近相同。磁州观台镇窑所产白釉碗多达16种形制，十分接近吉州窑，两窑白釉碗均在外沿凸起一道小圆唇。

吉州窑的白地黑花装饰是釉下彩装饰一类，尽管它受到北方磁州窑的深刻影响，但仍有自己的独特风格。磁州窑能把中国传统的水墨画技巧运用到瓷器的装饰中，丰富了瓷器的图案内容；吉州窑不仅学习了磁州窑的白地彩绘黑花的釉下彩绘技艺，而且又创造性地将民间剪纸技术运用到瓷器的釉下彩装饰上，这种贴花既省时间又别具风格。吉州窑的白地酱褐彩和磁州窑的白地黑彩虽同属釉下彩装饰，但由于所用原料不同而产生了不同的特点，磁州窑瓷胎含铁量偏高，白度降低，原料处理较为粗糙，为弥补此缺陷，在胎体上施一层白色化妆土，尔后再绘画上釉；吉州窑瓷胎含铁量较低，胎与釉层之间未上化妆土，属"胎坯上的釉下的彩绘"。磁州窑作品的特点是洁白底色上绘黑花（图17），而吉州窑作品是浅黄白地上绘赭花（图18），前者鲜明，后者含蓄柔和，这说明了吉州窑工匠们并不因循守旧，墨守成规，而富于创新。吉州窑不仅继承和发展了磁州窑的彩绘技法，还为景德镇釉下彩青花瓷的产生开拓了道路。

吉州窑与磁州窑系的河南临汝县汝窑、鹤壁集窑和禹县扒村窑也有许多相

图18.吉州窑牡丹纹彩瓶

[23] 冯先铭《记1964在故宫博物院举办的〈古代艺术展览中的瓷器〉》，《考古》1965年第2期
[24] 《磁州窑遗址》，《文物》1964年第8期

似之处，扒村窑白地黑花碗多于碗内底彩书"张""泰""记"；吉州窑碗内底则多彩书"吉""记""福"字款。扒村窑所烧八角、腰圆形瓷枕纹样与吉州窑相近[25]，汝窑黑釉油滴、兔毫纹和印花、白地黑花装饰技法也与吉州窑接近[26]，鹤壁集窑白地彩绘盘、器盖、瓷枕和玩具等亦近似吉州窑器，烧造历史也与吉州窑相近[27]。

河南禹县黑釉瓷的烧造技法也与吉州窑相近。禹县窑使用的直筒状和凸底状匣钵、垫饼以及两器之间衬以小块高岭土"衬块烧"技法，在吉州窑也常见。河南天目系采用洒釉，还原焰加热然后降温，使釉面形成美丽的兔毫、鹧鸪斑、玳瑁斑和油滴也接近吉州窑风格。在施釉方法上，河南黑釉瓷也采用吉州窑相关技法，多施半截釉，有的内白外黑，也有的在近口沿施白釉。不同点是河南黑釉瓷不善于雕刻、绘画、蓖

划等装饰技法，这比吉州窑逊色。

陕西耀州窑是北方青瓷名窑。耀州窑创烧于初唐，略早于吉州窑，耀窑所烧晚唐短流注壶、厚唇碗、黑釉兔毫纹碗接近吉州窑同类器[28]。耀州窑烧制的模印海水游鱼纹碗、菊花印纹小盏，在吉州窑也有发现，其形制与纹样几尽相同，从中可见吉州窑的这类纹饰也是从耀州窑汲取的。

福建永吉建窑是我国南方有名的黑釉古窑，它与吉州窑有至为密切的关系，诚可谓为南方地区的一对"姐妹窑"。建窑与吉州窑一样，创建于唐，兴盛于南宋及元初，元末以后终烧，烧造历史大致相同。建窑与吉州窑一样，除烧制黑釉、白釉瓷之外，还烧青釉瓷。青釉瓷烧造年代上限可早到晚唐、五代。足底亦留有支钉痕迹。不同之处是建窑不烧制彩绘和剪纸贴花瓷。建窑的装烧工艺也与吉州窑大致相同，除支

烧外，还采用一匣装烧一件碗的装烧方法，匣钵内先安置一垫饼进行烧制；吉州窑烧制瓶、壶等大器亦采用一匣一器装烧法。桐木桥作坊遗址铺地砖以下垫基层发现的大量乳白釉唇口碗，碗足底置一垫饼。两窑不同点是，建窑未见叠烧技法，而吉州窑则同时采用此法。但两窑在其他方面仍有较多相似之处，如乳白釉碗，内底有一圈露胎。建窑垫饼多刻有"李""文""天""小""小九""二""三""可"等款记；吉州窑则多在匣钵或坩埚上刻划、压印"大""太""王小""三""尹""李""山""有""小尹立"和"尹立"等标记，风格相近似。建窑所烧绀黑纹兔毫、油滴碗，施釉方面亦有垂釉现象。底足多无釉，碗内常有带文字或姓氏字样，如"三十""七""二""小七""升""心""张一"等，吉州

图19.乳白釉褐彩字碗残片

---

[25]　叶喆民：《河南省禹县古窑址调查纪略》，《文物》1964年第8期

[26]　冯先铭：《河南省临汝县宋代汝窑遗址调查》，《文物》1964年第8期

[27]　《河南省鹤壁集瓷窑遗址发掘简报》，《文物》1964年第8期

[28]　禚振西：《耀州窑遗址调查发掘收获——兼谈对耀州窑的几点新认识》，《考古与文物》1980年第3期

窑同样，在碗底亦多压印或彩书"吉""记""福""意""太平""本觉"等款识（图19），这都是反映当时的民间习俗风尚。建窑所烧"束口"碗与吉州窑黑釉碗近似，边唇有曲折的凹棱一道。明屠隆《考槃余事》一书谈建窑"外黑内白"釉的装饰方法，同样在吉州窑大量发现。两窑黑釉器不同之点是，建窑瓷器胎壁多厚重，釉色深黑，釉多流散至碗底，而吉州瓷则少见此现象。建窑黑釉瓷胎骨黑褐色，俗称"乌泥骨"，吉州窑瓷胎则呈灰白色。建窑的窑床与吉州窑窑床基本相同，牛皮仓和营长乾一带发现的均为"龙窑"类型，窑床斜平，前低后高，不分阶段，坡度在12～18°之间，窑门对开两侧，这说明龙窑乃系明以前南方各重要产瓷区所广泛使用的一种窑炉。

建窑系的另一名窑德化窑，它所采用的覆烧技法烧制的青白釉瓷，与吉州窑乳白釉相近似。这时值得特别一提的是德化窑发现有"介于白釉与影青之间的一种作品"，"且用覆烧，又沿袭了从建窑到江西影青的一种传统的方法"[29]。笔者认为，吉州窑的乳白釉瓷应与德化窑这种"介于白釉与影青之间

的一种作品"相接近。

吉州窑与景德镇窑同是宋元时期江西境内两大瓷窑。吉州窑的烧造历史与景德镇的发展有着密不可分的联系。北宋时期，景德镇主要以烧造青白瓷著称，它汲取定窑经验，充分发挥自己的长处，在技术上进行革新，继续生产青白瓷，质量与产量大有发展。至南宋以后景德镇青白瓷与龙泉窑青瓷成为大宗外销产品。吉州窑广采各窑技法。研烧多品种瓷与之竞争。景德镇五代唇口碗、唇口碟、菱口碗、元枢府釉高足杯以及新近发现的湖田窑黑釉兔毫、油滴纹盏、高足杯，形制和釉色都与吉州窑器相近似。吉州窑与景德镇窑的窑床结构也相类似。吉州窑釉下彩绘瓷虽与景德镇青花瓷有别，但烧造技法十分接近，吉州窑在胎坯上作画的釉下彩绘装饰继承和发展了磁州窑的彩绘瓷技法，但同时又给景德镇瓷业以影响。吉州窑彩绘瓷可以说是景德镇青花瓷的前身，具有承前启后、因袭相沿的关系。两窑的印花装饰与覆烧技法也十分接近。沈怀清《窑民行诗》所载："景镇产佳瓷，产瓷不产手，工匠来八方，器成天下走。"《陶说》引吉安太守吴炳游记所云

"相传陶工作器，入窑后变玉，工惧事闻于上，封穴逃之饶。今景德镇陶工故多永和人"等记述，是有其一定依据的。这说明吉州窑名工巧匠对景德镇瓷业的发展确实起过相当重要的作用。景德镇由单一的青白釉瓷向彩绘瓷发展，特别是青花瓷创烧并大量生产后，吉州窑相形见绌，在竞争中败下阵来。

吉州窑与赣州七里镇窑、宁都东山坝窑和贵溪余家窑都有着相互学习和相互促进的关系。七里镇窑酱釉碗、乳白釉唇口碗、印花碗、酱褐釉柳斗纹罐以及黑釉碗等都与吉州窑同类器相近似。在韩国海域中国元代沉船内，从吉州窑烧制的各类产品不仅看到它与南北各大瓷窑的密切关系，还可以看出它并不因循守旧、墨守成规，它善于学习、善于创新，既集中反映了南北各瓷窑的烧造技法，又创造性地把民间剪纸艺术和植物茎叶运用到瓷器的装饰上，成功地把瓷器的实用性与装饰艺术性更好地结合一体，构成吉州窑瓷器在中国陶瓷史上独树一帜的民间名窑。它不愧是我国江南地区一座举世闻名的综合性瓷窑。

[29]　叶文程：《建窑初探——兼谈最近芦花坪窑址发掘的新收获》，《考古论文集》第一集，1980年厦门大学版

第九章　吉州窑与临江窑的相互关系

1. 临江窑所出"吉"、"记"字款的乳白釉瓷、黑釉瓷，以及绿釉瓷、白地彩绘瓷等，它们的造型、胎质、釉色、纹饰以及工艺等方面的特征，与吉州永和窑同类器物完全一致[30]。出土的资料证明，临江窑是一处新发现的吉州窑系的大窑场。（图20）两窑场的烧造时间、窑炉形制、作坊结构，以及制作工艺和瓷器种类等，有的相似，有的大同小异，可互为补充。

吉州窑是江南地区有名的综合性瓷窑，它善于博采众长，从瓷器品种、釉色、纹饰到装烧，融南、北方名窑为一体。品种丰富，釉色齐全，纹饰精美，各种釉色瓷可谓一应俱全。具有定窑、磁州窑、龙泉窑、建窑和景德镇等名窑的特点与风格，在中国陶瓷史上独树一帜，占有十分重要的地位。临江窑

新发现的马蹄形窑炉，规模宏大，且有保存较好的作坊遗址（图21），以及一大批仿龙泉瓷和青花瓷出土，不仅大大丰富和充实了中国古代的陶瓷烧造史，更填补了史书的缺遗。

2. 临江窑在吉州窑系中，是迄今仅见的仿烧青花瓷的窑场。出土的青花瓷数量仅次于青灰釉瓷，可与景德镇民窑青瓷相媲美。纹饰有人物、花鸟、虫鱼、缠枝莲荷、海水奔马、博古图、松竹梅、梵文等。画风朴实，运笔酣畅有力，不拘泥于形式，大胆挥洒，富有浓厚的民间生活气息。临江窑在继承磁州窑和永和窑釉下白地彩绘瓷基础上，运用钴料呈色剂成功地仿烧出青花瓷，从而印证"瓷绘青色，自宋有之，最初得青，在赣之吉安"的记载[31]。关于吉州窑是否烧造过青花瓷，明代是否停烧

[30]　江西省文物工作队《江西吉州窑遗址发掘简报》，《考古》1982年第5期
[31]　莆庭：《明青与康青》

图20.吉州临江窑遗址

图21.吉州临江窑作坊制瓷遗迹

等问题，进一步得到澄清。

3. 吉州窑是否仿烧过龙泉釉瓷，这一问题一直未能解决。《陶录》载："碎器，仿于元，即宋之吉州分窑。"当前学术界有一种意见认为："在南宋晚期，龙泉青瓷有很大的发展……终于形成一个新的青瓷窑系，江西吉安的永和窑……也烧龙泉风格的青瓷。"又说"《格古要论》提到一个碎器窑，烧造地点就在吉安永和镇，碎器窑就是与哥窑类似的开片釉"瓷[32]。另一种意见认为："纹片之仿是由吉州窑从哥窑仿起，然后再传之景德镇"，"但据最近的发现，吉州窑的釉色较灰暗而不透亮，这不是仿龙泉的作品，而是一个地方窑的青釉器物"，"与仿龙泉是两回事"[33]。对仿龙泉瓷的时代，多认为景德镇最早是"成化时期……御器厂烧制的"，"吉安永和窑……大部分是明嘉靖到崇祯时期的作品"。过去因多是调查的资料，一时难以定论。

这次临江窑出土的大批仿龙泉瓷，不仅将烧造的年代提前到元代，并印证文献"碎器仿于元"的记载，而且找到《陶录》记载的"吉州分窑"，似新发现的临江窑。同时，解决了长期以来江西元明古墓所出土仿龙泉瓷的窑口

[32] 中国硅酸盐学会：《中国陶瓷史》，文物出版社，1987年

[33] 江西省轻工业厅：《景德镇陶瓷史稿》，1959年三联书店版

问题。

4. 作坊布局严谨，砌造精细，各项设施充分利用自然条件，由高到低连成一体。从瓷土釉料的臼碾、淘洗、陈腐、练泥、拉坯、成型到入窑装烧，各道工序布局合理，工艺流程规范。各种遗迹保存较好，可再现制瓷作业的全过程，它比现今发现的杭州官窑、耀州铜官窑作坊遗迹更胜一筹。

马蹄形窑床在吉州窑系中尚系首次发现，这类窑床是战国时期我国北方地区流行的一种窑式。火自火膛先升至窑顶，再转向窑底，使瓷坯成熟，烟气经烟孔由竖烟道排出窑外。主要特点是火膛与窑室合为一个馒头形空间，平面呈马蹄形。Y1后壁砌设的三条烟道呈扇形会合中烟孔通向烟囱，而景德镇明代中期窑砌设六个垂直烟道，各自直通烟囱，前者的结构显得简单而更原始，排烟慢，升温也慢。Y1和Y2均由弧形子母榫砖券顶，与附近北宋纪年墓券顶砌法完全一致，所以两座窑炉当建于北宋时期，一直沿用至明代。

5. 临江窑各类瓷器的烧造年代，大致可分五个时期。五代时期，仅烧造乳白色釉瓷。北宋时期，乳白釉瓷有新的发展；新研烧的黑釉瓷成为临江窑的代表性作品，其形制、釉色、胎质与纹饰与吉州永和窑几乎相同；青白釉瓷仿景德镇窑风格，纹样装饰相近，这几种釉瓷一直沿烧到元代。南宋时期，新烧制白地彩绘瓷和绿釉瓷，风格与吉州窑极为相似，到元代

更有提高。元代时期，临江窑处于兴盛发展阶段，新烧制的有仿龙泉豆青釉瓷、青灰釉瓷和酱釉瓷等，其中豆青釉瓷与青灰釉瓷一直到明代仍盛烧不衰，成为临江窑产量最大的品种。明初，成功地仿烧出青花瓷和难度较大的白釉瓷，其中青花瓷品种之多、纹饰之繁，证实它是临江窑晚期最具代表性的产品。从青花瓷的造型、纹饰、款识和烧造工艺特征推断，其烧造包括明宣德、景泰、天顺、弘治、正德、嘉靖、隆庆、万历、天启和崇祯等各个时期，其中以明中、晚期产品为多。据此分析，临江窑的始烧时间为五代至北宋，比永和窑略晚，它的终烧时间为明代晚期，比永和窑的延烧时间更长。

青花是景德镇传统的釉下彩绘瓷之一，在白色瓷胎上描画青花花纹，颜色幽倩美观，且图案在釉下不易磨损，工序也较为简便。中国釉下彩绘工艺产生于唐代湖南长沙窑，宋代磁州窑和吉州窑对中国釉下彩绘瓷的发展起到了很大的促进作用。两窑都盛行这种制作，并使它逐步走向成熟。吉州窑自南宋始启釉下彩绘的生产，逐步地形成了自己的风格，这对于当时还没有釉下彩绘工艺的景德镇窑来说，是有一定的影响。《陶录》卷十："镇瓷在唐宋，不闻有彩器，元明末，则多青花，或仿它处瓷矣。"吉州窑属民窑，无官窑那样受约束，在制作中有较多自由，可以施展技能，所以能创造出一些新的技艺。宋末元初，吉州曾是抗元的主要战场，社会

因素的不稳定，是吉州窑逐步走向衰退的原因之一，而与之较近的景德镇瓷业却有持续发展之势。在这种情况下，制瓷工匠则向景德镇流动。

《景德镇陶录》写道："四方远近，挟其技能以食力者，莫小趋之若鹜。"又引沈怀清窑民行诗说："景镇产佳瓷，产瓷不产手，工匠来八方，器成天下走。"吉州窑陶工是流动到景德镇的"挟其技能以食力者"。关于吉州窑存在历史变革中与景德镇之间的关系，《庐陵县志》援引吉州太守吴炳游记写道："（吉州窑）相传陶工作器，入窑变成玉，工惧事闻于上，封穴逃之饶，今景德镇陶工，故多永和人。"在《唐氏肆考》中也有同样的记载"相传陶工作器入窑，宋义丞相过此时，尽变成玉，工惧事闻于上，遂封穴不烧逃之饶，故景德镇初多永和陶工"。吉州窑陶工的流动把吉州窑生产技术带到了景德镇，尤其是釉下彩绘的工艺，使不曾闻有彩器的景德镇，在吸收了吉州窑釉下彩绘制瓷工艺后，结合自身釉料的特点，骤然产生了青花瓷。蒋玄佁先生也认为："南方系统中的彩绘器是吉州窑创始的，只有发明了釉下彩绘，才有青花彩绘的可能。"吉州窑釉下彩绘这种工艺向景德镇流入并对景德镇青花瓷生产产生影响的史实是不容置疑的。关于吉州窑是否在景德镇之前烧制过青花瓷，这个问题曾引起过多方学者的研究，并有待于进一步考证。

第十章 | 吉州窑瓷器的工艺特点

工艺美术品的生产，经济价值是其主要考虑的一个方面，吉州窑是一座以生产民间日用陶器为主的民窑，窑业的属性是形成它制作技术和烧造方法的重要基础。吉州窑陶瓷产品不像官窑瓷器为供御用而求精工细作，民窑的特点一般是生产量大而成本又低，吉州窑在几百年陶瓷生产中，结合自身的性质和材质的特点，在选料、成型、制釉等方面逐步地形成了一些独特的陶瓷制作工艺方法。

（一）原料开采和练制

原料的开采是陶瓷生产的首道工序，从目前考察的情况来看，宋元时期永和镇附近供陶瓷生产的泥料是较丰富的，如今遗址周围一口口大水塘，都是当年取土烧瓷所形成的。吉州窑陶瓷的瓷质较粗，属于瓷和陶之间的范畴，胎质基本上有两种，一种是米黄色，一种是土红色，形成这两种胎色的泥料如今在永和镇周边的一些地方仍然还有。一

般作陶，泥料采来是不能直接使用的，往往还需堆放一段时间，这主要是让泥料有个陈腐变化的过程，在吉州窑系已发掘的永和窑和临江窑中，作坊遗址中都有当年陈腐泥料的蓄泥池（图22），按吉安一些民间窑场陶工之说是让"生"泥陈腐之后变成"熟"泥。在此之后就是对泥料的练制方法一般有两种：一种练制方法是针对做较粗之器的泥料，如匣钵、缸罐一类的大件器，因所需之泥料较粗，对泥料精细程度的要求不是太高，所以一般是先将泥料捣碎储于圆池中，池的直径一般在5~6米左右，池深不过33厘米。储泥之后灌水浸泡，时需一两日，然后牵一蒙眼耕牛在圆池中反复踩碾，挑去杂质，到一定程度时将泥料反复翻练以达到泥料宜于成型的细致和柔度。另一种练制方法是针对做细瓷的泥料，这种方法正如【清】唐英《陶冶图说》所描写的那样："淘练之法，用水缸浸泥，木耙翻搅，漂起渣滓，过以马尾细筛，再入双层绢袋，始分注过泥匣体，使水列浆调，用无底木匣，下铺新砖数层，盖上细布，将稠浆倾入，

图22.作坊遗址中的蓄泥池　　　　　　　　　　　　　　　　　　　　　　　　　　　图23.吉州窑作坊遗址

紧包砖压吸水，水去成泥，移置大石片上，用铁锹翻扑令实，以便成器。"《陶冶图说》记述的是古代景德镇制瓷的淘练过程，但宋代江南名窑也大抵如斯。这种方法练出的泥料细腻，宜于做碗、瓶之类细瓷。吉州窑器质地较粗且具陶性，它在原料的淘练之中主要有浸泥翻搅，漂起渣滓，水去成泥，翻扑令实等工序。

在1980年永和窑发掘的作坊遗址中，从作坊的布局和设施可以看出吉州窑制陶工序之过程。作坊设于窑址近旁的平地之上（图23），位于枫树岭与斜家岭两窑蛉之间，作坊与窑床、晾坯场、原材料加工场的距离较近，符合手工作陶的特点。从发掘现场来看，作坊布局合理，与宋代龙泉窑、耀州窑等古窑遗址发掘的作坊相似。作坊用长方形或正方形砖铺地，地砖之下多是废弃匣钵片垫基，在作坊的一角用砖砌有练泥池，另一角砌有两组共四处网形淘洗池。作坊中段砌设两道搅拌瓷泥用水槽，将作坊分成东西两大部分。另外还

发现有蓄泥池一处，在蓄泥池中仍存放着当年尚未用完的泥料，并发现有方形柱基，据分析柱基应是翻扑揉练和制坯区的遗迹。从这些发掘资料来看，设施布局符合一般冶陶工艺程序，并展现出吉州窑清晰的制作工序特点。

（二）瓷坯成型

吉州窑制瓷成型方法有三种：一种是拉坯成型，拉坯成型是成型方法中最普遍的一种，至今陶瓷生产中仍然沿用，这种方法主要制作圆器，如盘、碗、杯、罐、瓶等；另一种方法是印坯成型，这种方法主要制作琢器，如玩具、瓷枕等；还有一种方法是手制成型。这种方法主要制作捏和塑的陶瓷玩具。

首先，我们来看拉坯成型的特点，拉坯成型的工具主要是辘轳车，古代称之为"陶钧"。

唐英《陶冶图说》对拉坯的描叙

是："圆器就轮车拉坯，制造盘碗钟碟等件。……车如木盘，埋三尺入土，使之安稳，地上高二尺许，上下圆盘，拉坯者坐车架，用一竹杖拨走车轮，双手按泥，随其手法之屈伸收效。"

拉坯成型时要先将泥料揉练，其目的是挑去杂质，使泥料韧性适度，然后将泥团置放在陶车面板中心，转动陶车，陶工以双手和一片弧形小刮板，将所需要的器型拉出。拉坯成型颇有技巧，功夫全在手上，旋转中泥料变成大小不一形状各异的器形全靠手的灵巧与稳健，器壁厚薄掌握也在经验和感觉之中，各种手法只有熟练之后才能巧做自如。拉坯只是成型的第一步，拉出的毛坯一般置于阴凉处，待半干即可进行修坯。修坯主要有"利坯"和"挖足"两道工序，瓷坯在通过削刀旋削之后，形制规整，器壁厚度适当，器表光滑。吉州窑器在修坯工艺上很有特点，民窑陶瓷生产中对产量的追求使吉州窑器的制作尽可能短工时，高效率，吉州窑器的修坯多见刀痕，旋修时往往只在几刀之

中求得准确，熟练的工艺使每件器皿都渗透了工艺美和技术美的韵律。

印坯成型是以陶范印压出器物的形状，目前发现较多的是乳白瓷印花碗、绿釉瓷枕等。乳白瓷印花碗，其实也是拉坯与印坯相结合而产生的，它的制作过程是先以拉坯方法拉出一个碗形，等稍干后将碗扣在刻有印纹的印模上，这样碗的内壁便出现凹凸的花纹，然后在坯干到一定程度的时候再以修坯的方法修好碗的外形。另外，还有小件玩具是印坯成型的。如鸭、鹅等哨叫玩具，它是以两个模具各印出动物的一小片，然后粘合而成，其中小件玩具也多有手制成型的。吉州窑器的成型方法，基本上与同时代其他一些窑场是一致的，其中拉坯成型技法之高超使吉州窑陶瓷造型形成了自己独特的格式。

（三）施釉装饰

吉州窑瓷的施釉方法有浸釉、吹釉和洒釉三种。一般产品以浸釉为多，而且多数器物是上釉面积不满。以茶盏为例，盏外壁腹部至底部无釉面积较大，这主要是浸釉时便于手反扣盏底，以求提高施釉工序的效率，另外也是防止施釉过满在烧制中因釉的流动而产生废品。吹釉主要用于黑釉瓷盏内壁的上釉，它是在浸釉之后的器物局部上再吹一部分釉。洒釉也是在浸釉的器物上，再洒上另一种釉，以求釉色变化的另一种效果，这种方法用于黑釉盏的外壁，洒釉之法会产生一些特殊的效果。

（四）烧造方法

关于吉州窑的烧造方法，首先要谈到的是它的窑型。

（1）龙窑 江南地区用龙窑烧陶的历史悠久，现有资料表明，早在商代就用龙窑烧造几何印纹陶、原始瓷和其他陶器。东汉开始用龙窑烧瓷器，但直到三国时期龙窑的结构还不完善和理想，龙窑是在逐步发展中完善的。吉州窑窑型与古代江南地区大多数陶瓷产区一样，属斜坡式"龙窑"。但由于永和镇在赣江之滨，窑址一带除自身烧瓷所堆积而成的窑岭外，其他多为平地，因此吉州窑的龙窑不像有些地方的龙窑是依山而建，自成坡度。1980年吉州窑本觉寺窑岭发掘的龙窑是建在匣钵、瓷片和沙土垫底的堆积层上。整个窑床呈船形，斜长达36米，最宽处近4米，倾斜度约为12°左右，具有窑身长大宽阔、火膛狭小、窑门双开的特点。其结构与其他地方龙窑大致一样。本觉寺龙窑窑基和东西窑壁依然保存较好（图24）。从另一段坍塌下来的顶窑壁来看，窑膛拱形高度较大，窑头火膛保存完好，距地表深约一米半左右，窑壁采用红砖横平铺切，窑口至火膛部分另外加砌两层红砖，其中间砌三组纵平砖柱，窑底采用自然土夯筑。从釉汁渗透和高温焙烧形成的结层来看，窑的烧瓷时间较长。窑壁之外残留有护窑墙，东侧残存有台阶遗迹。中段窑壁外至护窑墙之间有两个长方砖框，形似窑门通道遗迹，窑尾采用挡火墙筑烟火道出烟。根据本觉寺窑床结构、窑底下层堆积和遗物分析，

图24.本觉寺窑岭发掘的龙窑窑基

该窑可能建于晚唐、五代，最上层窑床是宋代遗物。

(2)馒头窑 从吉州窑系的角度来看，吉州窑的窑型不仅有龙窑，龙窑只是目前在永和窑中所发现，从临江窑的发掘资料来看，证明它是吉州窑系中的分窑，在临江窑遗址中发现的两座窑型，从其平面结构看呈马蹄形，立而似馒头状，这种窑俗称"馒头窑"。"窑壁是以青砖垒砌，从高1.35米处起券。由于釉汁粘结和烟火焙烧，窑壁布满一层青绿发亮的烧结面。窑口狭窄，一壁残留一块青灰砖。从残留拱形砖分析，窑顶为拱形。火膛呈扇面形低于窑室25厘米，窑后壁砌烟囱，正中和两侧各设一烟道，两侧烟道向中间弯曲，从高0.6米处分别连通中间烟道，上接一个烟囱，烟道立面呈扇形。窑床内长3.45米，外长4.20米，内宽2.4米，外宽3米，窑口宽0.3米，残高0.6米，火膛长1.8米，宽0.9米（图25）。此窑型也是以木柴为燃料。"

目前吉州窑系已发现的窑型，就是以上两种，从永和窑遗址中看，龙窑是它的唯一窑型。在未发掘的永和遗址的24个窑岭中，位于清都观的窑岭至今尚可见到斜坡道窑床基形。另外还有窑门岭、官家塘岭、猪婆石岭、屋后岭、七眼塘岭、松树岭、曹门岭、上蒋岭、讲经台岭都能程度不同地看见当年龙窑的遗迹。

陶瓷烧造的一般程序是坯胎施釉后，放入匣钵装烧。但装入匣钵后的瓷坯在入窑时要根据龙窑的特点加以位置的区分。龙窑窑身较长，窑的倾斜度使窑中自然抽力降低，因此火焰流速减慢，窑内温度比较均匀。但是龙窑各部位温度也不尽相同，一般来说从火膛到窑尾分前、中、后三部分，后室温度低，气温变化较大，不易控制，而前室有对火膛起障火的作用，窑温差异波动较大，只有中室气温较均衡且窑温较高。从同一窑室来说又有上、中、下温度的变化，上层温度最高，下层温度最低。所以瓷器的装烧要视窑位温度的变化而仔细考虑，粗瓷一般装在前后窑室，而同一窑室，又视器物所需温度加以选择。《江西通志》（卷九三）对此也有记述："民窑烧器自入窑门始九门，前一行皆粗器障火，三行间有好器杂火，后三、后二皆粗器，视前行。"长形龙窑与馒头窑不一样，它利用窑位的自然坡度，形成烟囱的抽力，吸入空气排出废气，《天工开物》云："凡缸瓶窑不于平地，必于斜阜山冈之上，延长者或二三十丈，短者亦十余丈，……盖依傍山势，所以驱流水湿滋之患。而火气又循级透上。""其窑拱成之后上铺覆以绝细土，厚三寸许，窑隔五尺计则透烟窗，窑门两边相向开门。"

对于烧窑的时间和燃料的用量，《江西通志》又云："（一窑瓷器）须用柴六十担，溜火（缓火升温烤干坯中水分）三日夜，紧火一日夜，住火三日方可出窑。"龙窑烧窑的绝技在于"看火"，掌管烟火的人指挥烧窑的窑工从两边火眼中添燃料，而他只凭自己的眼力经验来把握火候，其中奥妙颇有几分神秘。正因如此，便有窑神之说，有时开窑之前还要举行祈神仪式以求火调气顺烧出精美之器。

（3）窑具方面　吉州窑早期青瓷有"衬块"烧的方法，即二器之间衬小块高岭土，这种方法往往使小衬块在烧制之后与器壁相粘，而影响器物之美，所以吉州窑在它的中期作品中就不用这种原始窑具了。吉州窑器的施釉多是外部半截釉，器身切削半截，使其成毛面，釉不能下流，底式厚重而不敷釉，在器底与匣钵之间衬上垫圈

（俗称"窑钱"），免致搭釉。另一种方式是在碗摞烧时将碗的内部切削出一个圆圈状或一个圆块状，面积比碗底略大，这样便于将一只底上无釉的碗叠上去。这种内部素块烧的方法多运用于黑釉器物，在防止搭釉提高成品率方面收效很大（图26）。也有一个匣钵装烧一件器物的，这叫漏斗状匣钵正烧法，该方法一般来说是在晚唐至五代时期，这种单件烧的方法，器物精美，成品率较高（图27）。凡碗内印花或底上敷釉的定窑型作品，则是用圈状匣钵烧造，这种匣钵由一节一节摞起，内壁呈锯齿状，器物以口沿切削无釉部分反扣在锯齿形的匣钵里，一个接一个地摞起，一个匣钵装器多时达10个左右，这与定州的烧造方法是一样的，这种支圈覆烧法的鼎盛时

期是北宋，文献上说"定州白器有芒不堪用"，就是指用这种烧造方法而使器物产生的芒口。所以定窑古瓷器在使用时有的芒口镶上银边，既克服这种因烧造工艺造成的不足，又增加瓷器的贵重感。吉州窑芒口之器也见有镶上边而流传于世的作品，但没有定窑的普遍，而且仅限于吉州窑的黑釉瓷类。唐宋时期南北各窑的支圈覆烧方法一般都有多种（图28）。唐代初期，各窑口多为三岔形支钉烧法，至晚唐漏斗状匣钵正烧法运用较多，到了宋代支圈覆烧法较为普遍，这种支圈覆烧方法工效很高，民窑生产中运用最为广泛，宋末至元代叠烧法开始运用。以上几种装烧方法都有其合理性和某些不足，主要根据窑口生产工艺的区别而加以运用。

图26.吉州窑遗址出土的垫圈

图27.漏斗状匣钵正烧法发掘实物

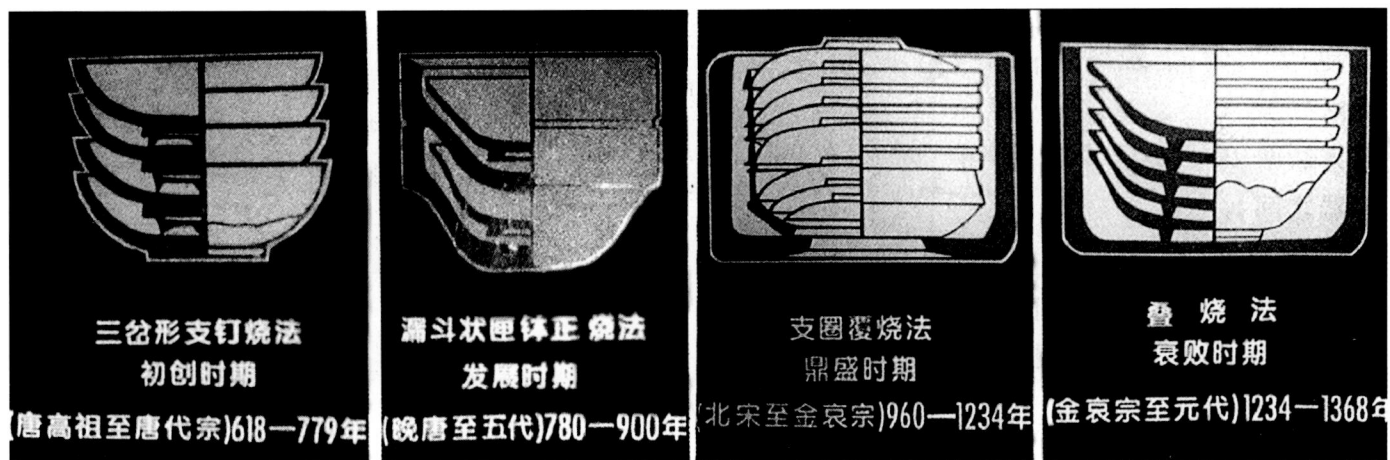

三岔形支钉烧法 初创时期	漏斗状匣钵正烧法 发展时期	支圈覆烧法 鼎盛时期	叠烧法 衰败时期
(唐高祖至唐代宗)618—779年	(晚唐至五代)780—900年	(北宋至金哀宗)960—1234年	(金哀宗至元代)1234—1368年

图28.唐宋时期烧造法图解

第十一章 | 吉州窑瓷器的艺术特征

（一）黑釉瓷与黑釉装饰美

我们一般习称的黑釉器，乃是泛指看起来接近黑色的调子，包括黑褐色、绛红色、赭黑色等色釉在内的黑釉器。它们釉色的基本成分是一致的，只因窑火温度的不同，而不成纯正黑色，这是釉色在烧制过程中还原条件充分与否所决定的。与北方粗大黑釉器相比，南方建窑和吉州窑的黑釉茶盏代表了宋代黑釉器的艺术水准。宋代注重理学思想宣扬，讲究人的内省功夫，上至天子，下至劳夫，都喜欢在茶文化这种闲暇养心之事中，通过平心静虑的面壁参禅式的斗茶，感悟人生哲理，理会自然天机。宋徽宗赵佶在他的《大观茶论》中谈到这种现象："天下之士励志清白，竟为闲暇修索之玩，莫不碎玉锵金，啜英咀华，较筐箧之精，争鉴裁之别。"在当时，皇室显贵常与臣属斗茶，于是上行下效，使饮茶之事具备了一种超乎生息饮作的风雅价值，人们在其中体会自然、科学、人文精神的相融与贯通，追求个人心理的净化和艺术境界的升华。苏轼词曰："看分香饼，黄金楼，密云龙，斗赢一水，功敌千钟。""香饼"即发酵过的饼茶，沏以沸水，水面起一层白沫。斗茶之赢输，主要看茶沫的白色程度及白沫维持的时间，并有色斗、香斗、味斗之别。在当时，饮茶是一种地不分东西南北、人不分黄口垂髫的社会风尚，在如此风雅的斗茶活动中，茶具的好坏是至关重要的。宋代茶色尚白，自然以黑色茶盏最宜观色，正如宋人祝穆所云："茶白色，入黑盏，其痕易验。"北宋白沿黑釉盏内外施黑釉，外壁施釉不及足底，唯器口沿以白釉为边饰，白边下沿有注汤的标准线，与《金明集瓷选录》中"元祐元年"款墨书盏完全一致，属北宋黑釉盏鉴定断代的珍贵实物资料。茶盏是宋代黑釉器中最普遍、最具代表性的品种，它不仅质佳形巧，且釉色别致，装饰手法多样。

吉州窑黑釉瓷的烧造，是从早期单色的黑釉及黑釉装饰，发展到各种窑变色釉和色釉色彩的装饰，它的艺术成就集中体现在各种类别的茶盏器皿上。其中以木叶纹、剪纸贴花、兔毫斑、鹧鸪斑、玳瑁斑等形色最为突出，它们展示出黑釉器深沉古奥的艺术魅力。

(1)剪纸表心愿　茶汤幻物象

说到剪纸，那是民间文化中最喜闻乐见的一种艺术形式。

剪纸贴花是陶瓷装饰技法之一。它以剪刻成的纸花在坯体上（或施底釉）贴伏平整，施釉后把纸花剥去，然后烧制而成。这种技法吉州窑制品上曾大量使用。

中国剪纸艺术和影画是一个系统的，影画在青铜器时代的工艺美术中即占重要地位，如狩猎壶、楚人铜镜上的纹样都是最典型的。唐宋时期剪纸是很流行的一种艺术形式。欧阳修《龙茶录后序》中"唯南郊大礼致齐之夕，中书枢密院各四人共赐一饼，宫人剪金为龙凤花单贴其上，两府人家分割以归，不敢碾试"。说到了当时剪纸的运用，中国民间一般在正月初七"人胜节"和立春之时多有剪彩。另外，每逢节日庆典、婚庆嫁娶时剪纸的用场，更是不必细说的事，然而把这种民间艺术装饰到陶瓷上，又该怎样呢。洛阳北魏大市遗址出土的黑釉碗和钵[34]，以刮釉露胎方式来营造成色不同的胎釉之对比效果，是早期漏花的一种。唐代耀州窑的器物中也出现了类似的装饰手法。安徽寿州窑所谓漏花印纹，据报告书的描述，是以薄皮预制各式图案，将漏花印版贴在胎坯上，施白瓷衣（即化妆土）后取下印版，胎上即漏成阴刻花，再施黄釉入窑烧造便可呈现浓厚色彩的漏花印纹。至于黑釉器则是待施白瓷衣后，将漏花印版贴上，施黑釉后取下印版入窑烧成，即为黑釉白色的漏花印纹。从刮釉露胎方式到用兽皮漏花印版的使用，都是以漏花图案运用在陶瓷装饰上的早期实例。

正是得到了早期漏花装饰的启示，又因宋时剪彩的盛行，剪纸从"女红"转到了工艺品生产行列，如漆绘工艺、雕花工艺等。然而把民间的剪纸创造性地用于陶瓷大生产是吉州窑黑釉瓷装饰的独特风格，这朵深深扎根于民间的乡土艺术之花是吉州窑剪纸贴花装饰的广阔背景，吉州窑窑户是"耕且陶焉"的组成形式。妇女在制瓷过程中多从事彩绘、施釉等工序，她们之中不乏有剪纸能力的人，这就是剪纸直接用于陶瓷装饰的媒介。吉州窑黑釉瓷类中剪纸贴花装饰基本上可归纳为两种类型，一种是单色黑釉的剪纸贴花，一种是窑变黑釉的剪纸贴花。

单色黑釉剪纸贴花是把剪好了的图案直接贴于胎上后施一层黑釉，然后揭掉剪纸就得出釉色与胎色相对的图案。这种手法效果爽朗，早期吉州窑单

图29.剪纸贴花香炉残器

图30.漏版剪纸贴花纹碗摹绘稿

色剪纸，以团花形式为主。从图29中我们可以看到剪纸形式完全来自民间生活，它不带有陶瓷装饰的针对性，图案完全是民间剪纸中的鞋花和帽花，这种早期的剪纸贴花作品简单，直接来自生活。由于剪纸本身只出大体形象的特点，贴花纹样往往只是图案的一部分，吉州窑的陶工们在利用剪纸装饰陶瓷的创造过程中，根据陶瓷装饰的特点，又进一步与描绘、刻画手法相结合。剪纸剔花枝梅纹瓶上装饰的梅花，就是剪纸贴花的图案，其中花蕊是剪纸本身不能做到的，它只能靠加描来充实，花枝是剔出来的，最后在露胎的贴花部分加上一层透明的罩釉。其实从整体来看，这类装饰是几种手法结合完成的。从这些作品来看，吉州窑早期剪纸贴花装饰中民间剪纸直接应用的因素较多，常见有窗花形式中的梅朵、龙凤题材。这种类

型的剪纸贴花装饰工艺直接简单，风格古朴淳厚，在瓶、炉、罐等器物上运用较多，当时有一定的生产量。

第二种类型是将剪纸图案进一步运用在黑釉窑变的丰富釉色之中，主要是茶盏的生产。

绝大多数的剪纸花样，是将画面的空白处刻去，形成线线相连的效果。但也有少数作品将纸上花纹镂空作为漏版（图30），然后将釉料漏印在碗上，花纹虽成断裂，但可使用多次。在这种黑釉窑变的剪纸贴花中，剪纸图案的原始面貌不是很强，它不像前一种剪纸装饰那样因图案面积大，釉色单纯而保留出剪纸团块特点和边缘线的力度。剪纸贴花盏的装饰，由于器物小，而且又是沿盏壁同时摆上三个或四个剪纸团花，因此剪纸图案的面积较小，一般在三厘米大

小不等，又由于在烧造过程中两种釉的参差渗透使得图案的边缘线有一定的模糊，但美丽的窑变釉色千姿百态，它将剪纸图案衬托得雅致映丽，又使得黑釉窑变中的剪纸贴花另有一种清新意趣。

装饰题材的撷取反映出人们的思想感情，吉州窑剪纸纹样中有鸳鸯、蝴蝶、鸾凤、梅、兰、竹等，这些内容莫不有它的含义与寄意。梅花是最常见的题材，一般多运用于瓶、炉之类的器物上，且摆在腹部的明显位置。江西省博物馆收藏的黑釉梅瓶是梅影贴花中的精品，梅花的造型构图非常生动，大小布局错落适当，枝梢的伸展很有讲究。而装饰在碗和盏上的梅花，一般都是饰于器物的内壁，以单独散点的朵花和折枝梅花较为多见。

散缀朵花的构图，依盏壁进行多

层次间错排列，构图饱满，图案性强。也有一株梅枝，独占盏的内壁，黑色剪影的画面，舒展中颇有占据空间之势，在釉色变化的烘托下，一派宁静的月夜梅影景象。另有枝梅与飞凤对峙的装饰，更是别有一番喜气情调。

另一种主要题材是鸾凤纹样，多饰于碗和盏上，一般盏心饰梅朵，在盏的圆壁中形成适合图案的中心，盏壁饰两只或三只鸾凤首尾相追。这种图集形式是人们一看便懂的"喜相逢"，它表达了"鸾凤和鸣""双宿双飞""形影不离"的生活希望，是传统图案的装饰法则。而吉祥语的运用则是以文字来直接表达对生活的希望。盏壁上由三组吉祥与剪纸图案组成，分别是"福寿康宁""金玉满堂""长命富贵"，这些文字在剪纸相连的特点中变化成窗花一样的格式，笔势圆润挺拔，结构舒适奇特，耐人寻味。

一幅黑白关系过于密集的剪纸贴在陶瓷坯胎上，当施过一层釉料后，把纹样揭起时就会因为纹样过于密集，使釉料和纹样一起脱落，而得不出清爽的效果。反之用过于疏空的剪纸图案，又会得出大块的胎色。所以吉州窑剪纸贴花既注重剪纸本身的特点，又注意适用于陶瓷装饰工艺的要求，在形象描绘上，大多是平视的。避开复杂的透视关系，剪影手法中的形象直观明显，便于夸张造型和将复杂形象描写条理化。图31中的剪纸图案，由夸张引起变形，变形又突出夸张，破除了形象描写的平庸和呆滞，黑白空间单纯明丽，生动而凝练。

还有其他剪纸装饰纹样黑白处理关系在简洁中求丰富，变化中求统一，疏密运用适当，对比豁亮爽利，线条的归纳梳理错落有致，玲珑而不紊乱，图案"透亮"的特点和民间窗花是一脉相承的。它体现了吉州窑陶工对陶瓷装饰工艺的谙熟和装饰意匠的别出心裁。

为什么吉州窑陶工们将剪纸贴花这种形式多运用于茶盏的生产，并且在工艺技术、形式美感方面达到如此成熟的高度呢？关于此点，北宋陶谷《清异录》中的几则记载给了我们研究思索的参考：《清异录》卷四"生成盏"条："饮茶而幻出物象于汤面者，茶匠通神之艺也，沙门福全，生于金乡，长于茶海，能注汤幻茶成一句诗，并点四瓯，共一绝句，泛乎汤表小小物类，唾手可辨耳。檀越目造门求观汤戏，全自咏曰：'生成盏里水丹青，巧画功夫学不成，却笑当时陆鸿渐，煎茶赢得好名声。'"

卷四"茶百戏"条："茶至唐始

图31.黑釉剪纸贴花盏

盛，近世有下汤运匕，别施妙诀，使汤做水脉成物象者，禽兽虫鱼，花草之属，织巧如画，但须臾就散减，此茶之变也，时人谓之茶百戏。"

卷四"漏影春"条："漏影春法，用镂纸贴盏，糁茶而去纸，伪为花身，别以荔肉为叶，松实鸭脚三类，珍物为蕊，沸汤点搅。"

从以上记载，可以看出当时有过茶汤能幻出种种物象的茶百戏，并谈到了以剪纸贴于碗内壁伪为花身的漏影春法。关于茶汤幻物象之说，日本研究者在《陶瓷》"天目茶碗考"中也谈到。庆元五年（1199）日本不可弃和尚登五台山献茶于五百罗汉时"每盏茶花瑞"的记载与茶百戏有关。还有日本入宋禅僧荣西也曾写道："登天台山见青龙于石桥，拜罗汉于饼峰，供茶汤而感现异花于盏中。"目前我们无从得知吉州窑陶工是否有意图以剪纸贴花的手法来营造茶戏的种种幻物象，从而使得茶汤丹青不致"须臾就散减"。然而吉州窑的剪纸贴花盏确实是能达到茶汤幻物象的最佳之饮具。也许正是当时的饮茶风尚的讲究，促使了吉州窑剪纸贴花天目盏的大量生产，并且成为投世人所好的卖点之一。

（2）落叶存天趣　盏壁寓情深

自从看到宋代吉州窑木叶茶盏那有趣的图像，便让人想起自然界的燕子石、珊瑚礁，它们都足以用一种特殊的方式将自然界中美的精灵和情节，固化成了艺术的永恒。木叶茶盏，看起来非常简单而又平静的装饰，只是一片俯拾皆是的叶子作为盏壁的一种装饰，但这极端的平常，往往藏着更多的神奇，使人沉浸于对它的揣测与探求中而不得解

脱。细细观察你会发现，存茶盏通体漆黑润泽的釉色中，闪烁着紫褐色的华贵与热情，这是一种多么自然的沉静。像晨光照耀大地，等待着为一切美好事物做出铺垫，叶子撒落在黑釉的期待之中，它像一轮月亮深深地嵌在了浩瀚的夜幕之中。米黄色的叶子像是舞动着生命的姿态，闪耀着物的灵性，化作丝丝陶釉和器物紧紧相贴。

木叶茶盏，一种看起来不很复杂的陶瓷工艺手法，这片简单的叶子却打动了不知多少人的心。有将叶子置于盏壁和盏心的，俯视茶盏，如一叶小舟飘动在深深的水面之中。也有将叶子的一半置于盏口，叶尖朝向盏心，在盏壁漆黑的釉色中，犹如一棵大树独耸于浩大深邃的天穹，形成一个非常有现代感的画面创意。这片叶子会随着茶水的注入，茶香的沸动，而幻出飘浮的影子，牵引着饮茶人的缕缕思绪，这个影子给了多少饮茶人在涤尘却烦的境界中，感悟到生命与自然的美好，瞬间与永恒的相通，精神与物质的关连。这是一片飘落于先民饮食器具中的叶子，更是历史飘落的智慧。这是陶工们在劳作生息中用心灵与自然融合的境界美，是简约单纯的艺术美。

（3）兔毫紫瓯新　蟹眼清泉煮

与木叶茶盏装饰绝妙的工艺技巧相比，兔毫茶盏的魅力，则来自不同的化妆方式和不同的烧制条件。前面一章中就兔毫的形成工艺已做过介绍，兔毫纹是宋代结晶釉之一，因釉面似兔毛而得名。在黑色或茶褐色釉面上排列的针状细纹犹如兔毛。其形成机理与油滴釉工艺相同，唯烧成温度达1300℃以上，富含铁质的部分挥发，即形成兔毫纹。

尽管从理论上对兔毫的制作有所了解，但当我们看到宋代吉州窑的兔毫盏时，依然会为它新鲜奇特的釉色而动情。

吉州窑的兔毫釉茶盏，造型较之木叶纹装饰的斗笠碗有所不同，它口较小，腹深，盏壁微弧向上伸张，盏唇部有一道圈形凹边。这不仅是为造型的美观而设计的，这道凹边，犹如水桶中的内圈，使器中茶水不易淌出，盈实的盏体饱满中显端庄。观其釉色，外壁沉凝稳厚的黑釉与内壁毫条状釉色的丰富变化相得益彰。兔毫的纹峰颇有序列，是很合规矩的，猛看上去似乎是相当整齐划一，像条状的多方连续图案，如果没有大体上的整齐划一，则人们也不会联想到兔毫。但在兔毫这种规矩、序列、统一之中，却又有一种形状和色调上的随意性，毫峰参差不齐，釉面在银紫色的统一中产生微妙变化，既是人工作用的结果，又不完全是人所能把握的现象（图32）。我们现在很难判定，宋代陶工们究竟是先有兔毫意念，在此意念驱动下有意创造兔毫的效果，还是某种条件下烧出了这形状的纹样，故而起名，或许兼而有之？兔毫釉可以具象为兔毫，但绝不仅仅是毛茸茸的兔毛就能包括的全部效果，兔毫釉在抽象中蕴藏形似，丝丝银针，似乎是猛然间立于江河畔，千万水流徐徐淌过，迎面射来，直冲着你，迸射刺目的感觉异样强烈，又似乎是在漆黑的夜空中，星的轨迹清晰出现在天际，或偶尔流露出数条火焰，产生了静止中的动感。总之是你记忆中遇见过的，有印象的，却又一时想不起确切的画面。

兔毫盏釉色出现形如兔毛的变幻，是烧成中由于温度高低变化，而促

图32.黑釉兔毫盏（左）

使釉中铁质元素带到了釉层表面，釉面流动，富含铁质的成分流成了细细条纹，冷却时便从中析出赤铁矿小晶体，从而在黑釉中渗出了如毫毛一般的铁锈色和银白色纹。这是变异中的凝固，它的流动感赋予了黑釉茶盏深邃的灵性，这种灵性不知撩起过多少文人的诗韵情怀。苏轼的送南屏谦师句："道人绕出南屏山，来试点茶三昧手，忽惊午盏兔毛斑，打出春瓮鹅儿酒。"（《四部丛刊》本《天门文字禅》卷八，十一页）是对美的惊奇，惊奇于"兔毫"如雨丝霏霏，如焰火升落。而黄山谷云："兔毫金丝宝碗，松凤蟹眼新汤。"蔡襄试茶诗曰："兔毫紫瓯新，蟹眼清泉煮。"[35]这里的紫瓯的紫是一种酱色，与定窑的紫定也同样是酱色釉一样。诗是对美的赞许，赞许变化与凝静相互转换的美丽画面。

陶工们把一种具象画捕捉住，装饰在与日相伴的饮茶器皿上，这是多么惬意而又新奇的创造。宋徽宗《大观茶论》载："盏色以青黑为贵，兔毫为上。"[36]可见当时人对这种金丝宝碗的钟爱。《方舆胜览》也有记载："斗试之法，以水痕先退者为负，耐久者为胜，故较胜负曰一水，两水。茶色白，入黑盏，水痕易验，兔毫盏之所以为贵也。"由于宋人的青睐，当时福建、江西、四川、山西等地瓷窑都烧造过兔毫盏，但以建阳窑、建安窑、吉州窑为一时之冠，吉州窑兔毫盏较之建阳窑器有釉薄而体厚之别，这宜于茶水久热，而造型上又具有斗笠碗

的雏形，这样兔毫纹迸跳的效果得到了加强放大而特别明显。这似乎是无意，还是无意中藏有意，把技法用到了令人浑然不察的程度。

（4）点茶三昧须饶汝　鹧鸪斑中吸春露

鹧鸪斑的形成也是高温中铁质元素带到了釉层表面，流动中铁结晶变化的结果。细小条状的如兔毫，而较大的铁斑凝成像羽毛状的灰白色圆点花斑，就是鹧鸪斑了。

鹧鸪斑的美丽较之兔毫，不仅有形象化，而且产生更丰富的色彩变化，如天际云霞而变幻无穷，这种形式不完全被人控制，又不能不受人控制。鹧鸪斑盏也是最受宋人青睐的饮茶器具之一，多有为文颂赞的，陈蹇叔诗

---

[35]　明万历瓷斋刊本《蔡忠惠》文集卷二
[36]　顺治三年浙江委宛山堂本，《说郛》；九十三

图33.建窑 "进盏" 铭文碗底残器

云："鹧鸪碗面云萦字，兔毫瓯心雪作泓。"[37]僧惠洪的："点茶三昧须饶汝，鹧鸪斑中吸春露。"（同上书）黄山谷写道："研膏溅乳，金缕鹧鸪斑。"当时烧造鹧鸪斑的只有吉州窑，而这种鹧鸪斑盏和兔毫斑是宋代两种最好的饮茶用具，兔毫斑吉州窑也有，但以建窑为多，并且建窑兔毫有底刻"供御"和"进盏"者，这是专给宫廷烧制的茶盏（图33）。而鹧鸪斑是吉州窑独有的产品，建窑遗址中不曾发现有这种标本，《清异录》记载的"闽中造盏，花纹鹧鸪斑"应为永和吉州窑之误，而清•寂园雯：《陶雅》中把它与兔毫混为一谈，那更属错误了。另外，美丽的玳瑁斑，也是吉州窑黑釉器中的代表品种之一。它是在黑色底釉上洒上一种掺灰的含铁量较少的琉璃釉，于是烧成后黑色的釉面上，有的就在黑处混有黄褐色斑，也有的带白色，类似龟裙的样子。"玳瑁"为一种海龟的角质板，具褐色和淡黄色相间的花纹。吉州窑烧成的"玳瑁"斑，追索天然浑成的造化之态，再现自然的神韵风貌，可能不是陶工们的初衷，然而在得到了这些效果之后，他们又在创造中总结并掌握了这些规律而达到了得

[37] 《四部丛刊》影宋写本，《诚斋集》卷二十，七页

心应手、呼之即出的高超技艺。这已不仅仅是在生产日用器皿了，它是匠心独运的艺术创作。

(5)疏影横斜水清浅　暗香浮动月黄昏

在黑釉瓷装饰中，黑釉画彩是以彩绘形式来装饰黑釉器的一种，它是在纯黑色釉的器底上以一种米黄色的乳釉（其实也是含有矽酸的竹灰釉类）以画和洒两种手法营造出具象与抽象两类画面。

在宋代，装饰纹样由图案化向绘画性的转变是一种时代的特征，文人画对工艺美术的影响，反映在手工技艺中的表现题材和装饰方法方面。以爱梅之风而论，吉州窑黑釉彩绘中画梅的题材最多，它表现出一种文人画的写意之风，既有绘画性逸气之感，也不乏工艺装饰中因器施艺的特性，大多数是在盏的内壁表现出圆形构图的丰富形式，或枝梅横直斜出，或朵梅含苞欲放。釉的挥洒，在把握画意和成器之中，体现出彩釉与黑釉相融的微妙变化，深沉中隐隐让人体会出"疏影横斜水清浅，暗香浮动月黄昏"的美感。吉州窑黑釉彩绘装饰中，还有龙凤、喜鹊登梅、兰草一类。以梅朵为中心的盏壁，一对舞动的鸾凤形象，主要来自笔势浮动中的营造，它是画，却笔笔体现写的准确；它是写，却处处反映出画的生动，还有兰草的挥洒，虽是具象描绘一类，然而多是意笔草草。黑釉盏内壁的彩绘，无花无叶，它的形态似乎来自花草纹，但却远离了具象的描绘，仅以几个笔道的挥洒组成了流畅动势的画面，简练中不显单调，少而不空疏而不散，画面装饰的美感完全来自笔意、形态、

方向、动静，强弱中的节奏韵律。在这里人的精神意识占据了创作的主体，对题材形式人性化处理，把握了写意装饰的奥秘之处。

其他一些抽象的画面，主要来自工艺特点的运用，吉州窑黑釉彩绘中的洒釉方式，是在有意中创造出无意的画面。盏壁上灵动的釉彩，像天空中瞬间万变的流云，深深地融入了黑色的釉中。又像是风中摇曳的苇荻，只有欣赏者的内心深处，有过这样或那样的审美积淀，才能体验到形式美的韵律。图版中横竖交错的道道彩釉，因釉彩厚薄不均，而产生虚实的转换。这种形式感的创造，它反映出劳动、生活、自然世界在陶工感情、感知、理解活动中形成的节奏、变化、统一等规律的美感，这既不表现出某种客观现象，也不叙述一种常见的事物。韵律之中，与黑釉的深邃，共创一种惊心动魄的美感。纵观历史，政治对文化、艺术的整体发展始终起着决定性的作用，工艺文化集中地体现了社会的时代面貌。汉代的艺术给人以力量、运动、速度以及由此而来的气势美；唐朝的文化艺术却是在雍容华贵中，处处表现出豪放与宽容，那是自傲一朝的反映；至宋，由于政治上的不统一，文人、艺术家忧国忧民，在文化上不免带有一丝丝悲凉与感叹，意境和情趣是当时工艺文化的主要内涵。宋代陶瓷表现出内在的、含蓄的，更加温和但又不失个性的秀柔之美，而建窑和吉州窑的黑釉茶盏，最具这种时代艺术的温厚与含蓄。它是工艺美术中实用价值和审美价值达到高度统一的范例，无论在文化内涵还是工艺技术上，都达到了历史的高峰。

(二)釉下彩绘瓷的图案艺术

吉州窑的彩绘瓷是一种褐色的单色彩绘，这种单色彩绘通常被人们称为"铁锈花"。铁锈花装饰是从传统粗瓷画彩发展而来的，它的成熟时期是在宋代，其中以北方民窑的产品为数最多，品种最丰富。在北方的山东、山西、河南、河北、陕西等省均有烧造，是平民百姓日用陶瓷中应用广泛的装饰形式，其中河北的磁州窑系产品较有代表性，而河南修武当阳峪窑的作品更为上乘。以往谈及宋代传统图案装饰，多是表现在对北方各窑系中铁锈花纹样的认识上，但是吉州窑铁锈花的彩绘艺术，也同样有极丰富的装饰纹样。由于吉州窑彩绘瓷传世作品较少，发掘整理工作不够深入，所以对于它的认识多是只鳞片爪。吉州窑彩绘艺术的图案风格较之北方各窑产品，有秀丽典雅的特点，也是我国宋元时期民间图案艺术中的瑰宝。

铁锈花是一种釉下彩绘装饰，所用釉料是较为普遍的贫铁矿，在北方也多称斑化石，故而有些地区将铁锈花装饰叫作画斑化。这样的铁质釉料画在黑釉下，经高温烧成后，会映出土红色或赭色纹样，呈氧化铁色。如将其绘于无色透明釉下，会呈现黑色（高温下也会出赭色）纹样，一般在古陶瓷研究界多称其为"白地黑花"，而陶瓷美术界则多以釉料斑化石的呈色"铁锈花"称谓。两种定名，古陶瓷研究界是以后果取名，而陶瓷美术界则以前因定称，实际所指是一回事。铁锈花在国际上还有一种称谓叫"绘高丽"，这是由于铁锈花彩绘技艺传入朝鲜，然后又从朝鲜传入日本而得名。

与磁州窑系的铁锈花装饰相比，吉州的彩绘装饰在工艺特点上还有所不同。磁州窑系的铁锈花装饰，到成熟时期，多是在不很白净的坯胎上先施一层白色化妆土，其目的是改变坯体的色调，增强器物的美观效果，彩绘色料画在施以白色化妆土的坯体上，再罩上透明釉便显出层次分明、黑白亮丽的效果。而吉州窑的彩绘，则是在米黄色的瓷坯上直接画彩，然后再罩釉，米黄色的坯胎和褐红色的彩绘纹样使吉州窑彩绘瓷具有一种相近统一的融洽色调。

以下，我们就吉州窑彩绘艺术的特点和规律做些具体的认识和分析。

(1)题材内容的多样　装饰题材和内容的撷取，反映人们的思想感情。宋代以后花鸟题材开始成为陶瓷装饰的主要内容，而且在盛唐丰满富丽的基础上出现了清秀雅丽的风格。吉州窑彩绘瓷的生产方式和组成形式，促使了它的生产者不受严格的限制。在宋代陶瓷生产中的手工业者，有不少是既务农又作陶的广泛参与者，其中女性是陶瓷彩绘的主要创作者，她们的思想意识和生活中理想愿望往往就很直接表现在彩绘装饰的图案艺术中。再加上民窑产品不像官窑产品那样有严格的规范约束。所以吉州窑彩绘装饰纹样，凡民间传统、人物小品、蟠龙鸾凤、花鸟鱼虫、山峦波涛、吉祥文字均可为题。这些表现题材反映了民间审美意识中朴实的情调，并有浓郁的乡土气息，从具体内容上大致可分三类。

1)从自然中写生演变过来的，与民间风俗相关联的，如蝴蝶、双鱼、跃鹿、喜鹊、莲花、灵芝、石榴、芦苇、牡丹、波涛、山茶蕉叶、梅兰竹菊等。传统的民间图案十分讲究吉祥的寓意，一般在画彩之前陶瓷工们首先考虑的似乎是所画题材的寓意。常用题材的寓意排列如下：

牡丹——富贵、美丽

石榴——多子

灵芝——长寿

菊花——经寒耐霜，傲骨

莲花——清廉高洁

芦苇——禄位

鸳鸯——成双

奔鹿——福禄

鱼——富足有余、年年有余

松竹梅——高洁清雅

这些都是取自然界形象来描绘人们对生活追求的感情愿望，花草纹样虽不会"语言"，可有它的精神，常与人们的感情发生反应。枝叶舒展、随风飘逸的荷花装饰在秀丽的香炉上，无不透出与香烟袅袅一样的清气。而花瓶上的牡丹却是姿容妖娆、繁荣昌盛、美好幸福的象征，器物腹部的牡丹旁边还点缀几只飞蝶，别有情趣。吉州窑彩绘中鱼的图案多是装饰在盘心，彩绘盘的四周是一圈二方连续的菊莲纹样，只是在盘的中心绘以双鱼，两条鱼的形象叠影，却是年年有余的寓意。以上种种无不流露出陶工们思想意识中美好的愿望。另外，人物形象目前只发现一些彩绘残片，吉州窑这类彩绘图案不多，尤其是带有故事情节的画面更是少见。吉州窑彩绘题材，主要是花卉纹和水波纹，以及一些二方及四方连续图案。

2)人们意象中的吉祥物、吉祥语和有宗教色彩的纹式，如龙、凤、吉祥语、八卦纹等。龙凤图案在黑釉装饰中较为多见，它的形式规律在黑釉装饰中将会谈到，彩绘中龙凤图案不多见，吉祥语也不多见。而八卦纹装饰却普遍，这是一种有特定装饰意义的纹样，多是画在香炉上。

3)传统的二方连续和四方连续纹样也是彩绘装饰的主要题材。如回纹、棱格纹、编织纹、卷草纹、缠枝纹等。这些纹饰是中国传统装饰艺术的延续和发展，它们自最早的彩陶文化发展至今，在代代相传的运用和完善中，形成了较为严密的图案组织形式。这些二方连续图都是在连绵活泼的曲线和跳跃变化的圆点中，交织出节奏平稳的韵律。它是一种合乎人类心理愿望的艺术形式，人们喜欢它的"扯不断"。吉州窑彩绘艺术中二方连续图案的应用，多饰于器物的口沿、底边或颈部，是主体装饰画面的配饰。但也有以缠枝纹、卷草纹通体装饰器物的，器物上的卷草纹装饰工整而有规律，变化的图案占据了整个装饰画面，只有瓶口和瓶底各绘二方连续纹，把一个连续图案的画面很美妙地表现在陶瓷装饰上。缠枝纹、卷草纹是吉州窑彩绘中运用较普遍的纹样，图案中重复循环的韵律，使器物装饰不论从哪个角度去观察，都是一个完美而精致的画面。图34中占据了器物主要装饰画面的水波纹，却和挥洒率真的开光纹饰产生了规律与自由，重复和单独的对比美，开光中夸张取神的荷花鸳鸯和工丽整齐的卷草装饰是动与静的对比。严格和规范的波涛纹，形成了彩绘装饰精细的基调，八弧开光中挥洒的荷花鸳鸯纹是画面中的传神之笔。这种规律与挥洒统一的装饰形式在吉州窑彩绘瓷中较为常见。四方连续图案中的棱格纹、编

图34.褐彩莲池水禽纹瓶

图35.褐彩锦地花瓶

织纹、龟背纹等也是最常用的，图35彩绘瓶就是这种几何纹综合装饰的典型例子。这些四方连续图案，作为彩绘画面中的锦地图案装饰在器物主要部位，这种锦地纹饰的彩绘组成了器物彩绘装饰的基础。吉州窑彩绘装饰形式一般是在锦地上画以四弧或八弧的开光，另外，吉州窑还常有以波涛纹为锦地的彩绘形式。波涛纹虽不是四方连续的格式，但它的视觉效果却和四方连续锦地图案一样，有谨密和无限延伸的美感，笔意奔放的波涛纹蕴藏着连续的规律，较之四方连续图案有更强烈的动感。

（2）表现形式的独特 铁锈花彩绘装饰是比较直接地把绘画特点搬上陶瓷装饰的一种。它以斑化料当墨，将瓷面当纸来表现装饰内容，这种陶瓷装饰的工艺特点由于与绘画有一定的共通之处，所以在表现手法和装饰内容上往往有很多绘画性的痕迹。特别是北方的铁锈花彩绘，从磁州窑系的瓷枕装饰可以看出它有较强的情节性和完整性的绘画特点。而吉州窑彩绘的表现形式与北方磁州窑系的彩绘表现形式有不同之处，

吉州窑彩绘图案装饰形式比较明显。因为陶瓷装饰与绘画毕竟有所不同，它提供给观者的是一个立体的审视对象，陶瓷装饰要求各个面都有纹样可看，这样就促使中国古代陶瓷装饰在绘画性特点方面逐步向装饰性特点迈进。而陶瓷彩料的粗糙性和胎坯的吸水性特点，又使它的表现手法必须符合陶瓷工艺的个性特点。从陶瓷艺术装饰的手法和陶瓷工艺的特点方面出发，吉州窑彩绘瓷的图案表现形式基本上有：

1)平衡对称的构图。吉州窑彩绘图

案多采用对称的开光形式，一般瓶类的颈部多饰弦纹、回纹，在腹部锦地纹中前后两面开光，而开光中的绘画内容和纹样形式也是前后对称，即便是没有开光形式的自由画面，也往往是在器物的正、背两面绘有形象大致一样的图案，只是笔意上有点差别而已。而边饰多是均衡式构图，均衡是由运动形成的形式，它以运动曲线为中心，两边形态相对一样。彩绘装饰是一次性手绘装饰，在落笔之前彩绘者往往只有腹稿，画于器物时落笔成形，不是很讲究严格的图案位置，所以在这种均衡式的构图中，常常是由于局部空间的需要，而产生笔意上不均衡的差别。

2) 挥洒灵动的笔意。铁锈花彩绘所用工具与我们日常生活中写字画画的毛笔一样，只因彩绘所用的釉料与墨汁有所不同，而需选用毫质各异的笔型。吉州窑彩绘装饰多是一挥而就的纹样，它

像书法一样，运笔不重复，讲究错落有致。又因是以彩绘釉料直接绘于泥坯之上，泥坯吸水力很强，在行笔过程中稍一停顿或犹豫，就会造成釉料过于集中或将笔头吸住而无法运行的情况，这种行笔的停顿在烧成后会出现色彩过于浓重而起斑点，所以画彩时行笔要求流畅匀速，既防止稍慢而出现的"吃笔"，又不至于因过快而出现"飞白"，所以彩绘用笔讲究抑扬顿挫。图36中瓷枕的纹饰，挥洒中行笔酣畅，线条矫健挺拔，因釉料浓淡的微妙变化，褐色中略有层次，整个彩绘图案气韵生动，笔到之处无不成为感情活动的痕迹，或沉静端庄或热情奔放，有节奏有起伏，是彩绘技法娴熟和感情粗犷豪达的再现。而图37中的花草图案，每一笔的描绘从起笔到收笔都有轻重渐变的效果，画面因此产生鲜明和谐的律动，笔势灵活生动，笔法随意中又不失严谨，所画纹样

颇具生机盎然之态，并使人感觉到彩绘者当时彩绘动作的节奏韵味。

3) 简练的图案造型。吉州窑的彩绘装饰对于描绘对象既做到反映客观真实，又巧妙地把物体的特征用简练的笔画刻画出来。鸳鸯的形象，都是简化成影画的整体效果，省去了细部，使之俨然若生。民窑彩绘的制作者，也是艺术形式的设计者，他们对生活认识和对艺术感知的情怀，往往贯穿在创作的整个过程中，而中国传统手工业的师承关系，代代相因的程式，又使得这种艺术融入了几代人的完善和推敲。它在人民群众劳动生活和社会生活的广阔领域中，发挥了积极的作用，在一定程度上看它是人类集体意识的反映并具有维系社会集体的功能。民间艺术是广泛的艺术形式，它始终陪伴着每个民族和整个人类。

从总体上看，中国陶瓷装饰纹饰

图36.褐彩菊花纹枕

图37.褐彩花草纹瓶

在经过了六朝、隋、唐的丰富与发展后，到了宋代，进入了一个风格上的转折阶段。它不像六朝隋唐时期的富丽和比较重的外来情调，而是另有一种含蓄、秀丽的规律与变化。从这种纹饰演进上的差异来看，根本上说是整个文化环境的变化。六朝时由于佛教的传入，对于中国本土文化的影响是比较大的，隋唐的统一，从文化意识上基本改变了这种特征，此时之社会一方面仍然热烈地欢迎外来的艺术形式，另一方面更注重与本土文化相融合，而形成开创性的面貌，它的众多的具有外来根源的纹饰图案，在发展过程中，逐渐地产生了独自的风格。宋代的纹饰便是在这个基础上发展而来的，元代虽由蒙古人入主中国，但在纹饰的发展上仍以中国本土所有者传承变化为主。特别是在中国的南方，由于地域之别，宋代诸窑口的纹饰艺术都有较强的个性特点和汉文化色彩。

宋元两代装饰纹样的发展，以器物上的装饰为最主要，因为陶瓷制作数量多，价格也远较其他工艺品如金银器者为廉，所以较广泛直接地影响了大多数人的欣赏活动。宋元陶瓷器上的纹饰，从陶瓷史本身的发展来看，也具有不可忽视的意义。隋唐时期的陶瓷制作虽已有惊人的成就，但从纹饰来看，却还只能算是初创阶段，唐代在陶瓷上有精妙的堆贴花装饰，但效果接近浮雕，在器面的铺陈变化就没有宋元时的彩绘纹饰更加方便与自由。唐代的三彩瓷是其一大成就，但从装饰类型来讲它是一种釉的装饰，在人为的设计意识上不像宋代彩绘纹样能更具体明显地发挥个人的匠意。宋代彩绘纹样的典型作品是以北方磁州窑系为代表的，而南方的吉州

窑，彩绘装饰风格却在这个范围里显出地域性的秀丽和细致，无论是内容还是形式，彩绘纹饰都是非常成熟的。宋代彩绘纹饰的成就集中地表现在铁绣花这一陶瓷装饰形式上。在当时，这种彩绘瓷不像一些讲究釉色制作精美的官窑瓷而备受青睐，它主要是民用产品的装饰，是一种大俗大雅的艺术，然而在历史的审视中它的艺术价值却是非常高的。

（三）刻划花和印花装饰的特色

刻划花是陶瓷装饰技法之一。采用竹、骨、铁制的平口或斜口刀状工具在已干或半干的坯件上刻出花纹。纹饰有凹凸，花纹有层次感。印花是用带有花纹的印戳或模子在陶瓷器上印出的纹饰。中国陶瓷装饰中刻划花的运用，早在新石器时代的制陶就已出现，它是一种简单、原始而又直接的装饰方法。汉代以后随着瓷器的出现，这种直接而又粗犷的制作手法也应用到瓷器的装饰上，并且刻划花的制作手法也逐步趋向技术化和规律化。两晋南北朝时期刻划花虽然刀法不是很成熟，但在装饰纹样上已出现带有较强创作意识的几何纹和线纹，唐代青瓷的生产为刻划花提供了广阔的发展领域，并为宋代刻划花的成熟打下了基础。在宋代南北各窑都有运用刻划花装饰手法的著名窑口，其中北方的定窑、耀州窑、磁州窑，南方的越窑、景德镇窑和吉州窑运用较为广泛并形成了各自的特色。印花装饰较之刻划花的产生要晚得多，印花装饰的开始时期，只用于陶瓷器装饰的局部，它往往是以陶范翻印陶瓷的局部附件，然后把

印有纹样的局部附件贴在器物上。宋代是印花装饰有极大发展的时期，并且出现了大量以陶范印花于器物内壁的作品，其中碗的内壁印花最多。

定窑刻划花构图清秀隽永，在形式表现上它不仅体现了装饰形象的外在美，而且多以艺术夸张的手法，富于形象意象和抽象的形式美。其中定窑的印花是宋瓷中较有影响的，前面曾谈到过定窑和吉州窑在制作技术上的相同之处，其中印花装饰手法对吉州窑的影响是较大的。定窑印花以繁缛取胜，精细严谨，北宋时期定窑白瓷备受皇族青睐，其印花图案的考究与精美是可以想见的。吉州窑印花从技法上和纹饰的表现上不脱定窑印花的模式，板刻中处处体现对称的布局形式，其特点和定窑印花是一脉相承的。耀州窑的刻划花主要装饰青瓷，题材以花卉为多，它的刻花技法成就是宋代其他窑口所不能比拟的，当时南北各窑多有效仿者，吉州窑的刻花远不如耀州窑，但刻花的制作手法是一致的。另外北方的磁州窑系刻划花较之前两窑有所不同，它是在施有化妆土的坯胎上刻划纹样，然后剔除纹样边缘的化妆土层，使纹饰具有浮雕感。磁州窑的刻划花风格洒脱奔放，这是民窑性质的特点，吉州窑的划花和梳篦纹与之有些相似，动感很强但显粗率。

南方的越窑以生产"千峰翠色""嫩荷涵露"的青瓷而独步一时，刻划花是其主要的装饰手法，它大量以民间喜闻乐见的花鸟、山水、人物为题材，纹饰繁缛瑰丽，刀法娴熟奔放。其画面往往采用团式结构。越窑刻划花的产生有起始于五代和北宋的两种认识，但它刻划花装饰的繁荣和成熟是在北宋。宋代南方景德镇影青刻划花是别具

一格的，景德镇影青瓷的胎质是由大量的玻璃相基质的云母残骸和残留石英组成的，这种结构是以瓷石为原料的我国古代南方精细瓷胎的典型代表。胎质细腻轻薄是景德镇影青刻划花个性特征的基础，景德镇影青刻划花一般采用一边深一边浅的所谓"半刀泥"的刻花法，刻划花线条有深有浅、有宽有窄。越窑和景德镇窑的刻划花艺术都曾对吉州窑有过一些影响。刻划花和印花装饰手法吉州窑瓷都曾运用过，但不像以上各窑那样占主要的装饰地位。这说明它广泛

吸收各窑之长的容纳性，但从瓷质和釉色的特点来看刻划花和印花并没有其他各窑那样的发展潜力，下面从具体实物资料来做些具体分析。

刻划花是指以刀、骨等工具在已干或半干的坯体上刻划出来的一种装饰纹样，其纹饰有凹有凸，单从划花来讲则呈阴文线条状，刻划花的特点是着力较大，雕刻较深，花纹有层次，它属于坯体装饰的一种，通常陶瓷器是在刻划了纹样之后再罩上釉料入窑烧成。刻划花是"刻"和"划"两种不同的工艺过

程和处理手法，由于陶瓷装饰中往往既"刻"又"划"，同时应用，因此一般统称其为"刻划花"。

吉州窑刻划花的运用，主要是在宋代时期青瓷、乳白瓷、绿釉瓷和酱褐釉瓷的烧造中，其装饰器形以炉、枕、钵、罐等器皿为多。图38中的瓷片是在永和窑遗址中找到的一块经过素烧却未上釉的标本。这块瓷片很有代表性，胎质米黄色，从瓷质和素烧过程来看应是绿釉瓷尚未烧制完成时的残片。由于没上釉，刻划纹样和工艺手法清晰可见，

图38.梳篦纹刻花瓷片

图39.牡丹纹刻花瓷片

图40.牡丹纹刻花瓷片

图41.剔花梅纹荷叶盖罐

纹饰形似菊花，刻花的手法如景德镇影青中的"半刀泥"，胎质面地粗糙，而刻瓷刀法利落奔放，可以看出陶工技艺纯熟和稿在腹中的沉着运刀。该画面在刻出纹样之后便是以画画的手法加以充实，梳篦纹是传统划花中常用的手法，它随刻花纹样走势，取其意韵，粗率中显出与磁州窑刻花风格的一致。

图39是酱褐釉刻瓷香炉残片，缠枝牡丹纹样造型生动，图案的布局严谨而有规律，刻花手法用直角拐刀深刻，刀法宽阔有力，刀锋犀利洒脱，线条粗放流畅，立体感强，具有浅浮雕效果，这种风格很像北方耀州窑刻花。耀州窑瓷胎体多杂质，色深胎厚，因此形成这种粗犷的刻花艺术风格，这块瓷片标本与图42中瓷片标本相比在艺术处理的手法上和风格上都有很大差别。图42中的

刻花是景德镇影青瓷刻花风格，刻刀浅而稀疏，利落中颇见功力。

刻花装饰的艺术趣味在于以刀代笔，像写字一样不能重刀，像写字一样讲究笔顺。一般程序是先刻决定全局构图的一刀，然后依次安排，才能将纹饰布满要装饰的空间，也像写字一样，每刀的起落，没有改变的余地，落刀必须准确，所以刻划装饰根据形象刻划的需要而讲究深浅、宽窄、虚实的变化。刻花装饰，立体感强，装饰纹样在釉下而经久不变，很有亲切感人的魅力。

图40中绿釉瓷枕是保存完好的一件传世作品，枕面纹样完全是以划花手法完成的，一片硕大的叶子占据了整个枕面，首先是以锯齿纹连续划道得出叶子的轮廓，然后以四条直线划出叶子的主纹脉，再以梳篦纹依主纹脉向外重复

排列。整个叶子纹饰充实，最后以梳篦纹沿枕面外形划上一圈，枕面四周边饰有散点圈压纹，作品装饰简单而又生动。这种划花风格使吉州窑瓷枕的划花装饰比较有独特的创意和个性特征。另外，吉州窑也还有少量剔花装饰作品。剔花装饰是在器物上了釉之后，以刀、竹签等工具剔除部分釉面而得出纹样。吉州窑剔花纹样以梅花为多，但也有梅枝等其他纹样。这是一种简便朴实的装饰形式，图41中的荷叶盖罐，器物小巧，一枝简单的梅枝装饰其上，剔花纹样更显精致，白釉剔花在吉州窑较少见。一般说来剔花也应归入刻划花装饰一类。

吉州窑的印花装饰较之刻划花运用更为广泛，印花主要以乳白瓷为主，也有绿釉瓷、酱褐釉瓷，早期印花有时

图42.乳白釉印花碗瓷片

图43.乳白釉印花瓷片

图44.褐彩捏塑猴像

是在器物的局部装饰中运用。到北宋时期乳白瓷的生产中印花装饰运用才比较广泛，纹饰也较完善，吉州窑多用于乳白瓷印花碗生产的纹饰基本与定窑相似，这种印花碗在吉州窑印花瓷中较多，但也有不一样风格的纹饰。如图42、图43中印花装饰的残片，一件是一

个碗心，纹饰明显厚重，纹样格式也不像定窑；另一件是瓷枕残片、印纹粗糙的牡丹花纹形式和彩绘中的纹样有点相似。这些都可能是不同窑户的产品。在吉州窑遗址中刻划了纹样的印花模范曾有过发现。吉州窑印花风格有自身特点的还是绿釉瓷和酱褐釉瓷。绿釉印花盏

系北宋时期的作品，盏内壁是卷草纹图案，纹样结构严谨，比乳白瓷纹饰更深，从这件作品来看纹饰风格与其他窑口有些区别。酱褐釉香炉外壁是连续印花纹样，图案很传统，印花工艺不如绿釉盏细致工整。这些年在窑址中笔者还搜集到一些零碎的印花残片资料，都反

映出吉州窑印花装饰的一些面貌。从目前掌握的资料来看，吉州窑刻划花和印花总体上没有形成自身鲜明的特点和风格，它只是融会了同时期其他窑口的装饰技法以增加自身装饰品类，但从整个吉州窑瓷的装饰手法来看，刻划花和印花还是占了一席之地。

（四）生动的瓷雕和捏塑

瓷雕和捏塑，是吉州窑各家窑口生产中常见的产品，在今天的古窑遗址上，各种瓷塑小件仍然常有发现，可见当时吉州窑瓷塑制作之丰富。吉州窑是南方地区的一个大窑场，它的小件捏塑作品不仅生产量大，并且对一些民窑瓷塑的制作产生了一定的影响。吉州窑瓷塑在制作手法上有较明显的特点，由于瓷质粗松，且近似于陶的特性，因此以捏塑手法的制作更能发挥材质的特点，而吉州窑特有的生产组织方式，又使陶工中多是亦农亦工的制陶者，他们创作出来的瓷塑作品，拙实纯朴，贴近生活。在制作手法上，可区分为捏塑和雕塑两类。捏塑是采用较松软的黏土，以手捏、镂刻、模制等技法来制作立体形象的一种手工艺，它的特点是概括性强，手工造型痕迹较重。图44中猴的形象，是在一个整体泥条上捏制出来的，形体极其简练、概括，十分传神。图45捏塑褐彩小狗的塑造，整体性非常强，并能看出手捏的圆滑痕迹，耳、嘴、眼、尾等部位更

显捏塑的特点，形神十分生动。

瓷雕的手法往往多用于制作较精细复杂的形象，陶瓷雕塑作品的制作，第一步也是以捏塑方法来求得大体形象，对于一些细小的局部和形体的转折，则是以雕刻的手法来进一步完善。肥鹅的制作，手法较为细腻，一个小洞和几条刻线，把鹅的形态概括得生动准确，讲究装饰艺术的整体性。这类雕刻精细的作品，一般不像捏塑那样每件都是单一的原型。瓷雕作品往往是在做好了一件作品之后，翻成范模，然后重复生产。但印模作品又有别于如今注浆成型的瓷雕，它不是完全统一的翻版，它一般是以两块范模压出瓷雕的各一半，然后合贴而成完整的形象，再以手工加以修饰，并进行一些细部雕刻的充实加

图45.褐彩捏塑小狗

图46.捏塑和雕塑瓷

工，范模印坯的瓷雕作品生产较之捏塑作品生产已是大大提高了功效。但在艺术风貌上，不像捏塑作品那样透着原始制作的灵性和感情。

吉州窑陶瓷雕塑，从题材形象来分大致有神像、人物、动物三大类（图46）。中国的陶瓷人像的塑造一般可分为三种用途：一种是供人膜拜的，即常见的民间传说中的神像，民窑瓷塑中以弥勒、观音、罗汉形象为多；另一种是以使用为目的的，如民间玩童、寿星等；还有一种则是为陪葬所用的，如陶

俑之类。这三种类型正好是天、地、人的三种用途。吉州窑神像和人物中以佛像、玩童为多，陶瓷神像的制作宋代开始颇受各地民窑的重视。吉州窑没有德化窑、石湾窑等窑场中的大件瓷雕，它多生产小件瓷塑。吉州窑陶瓷雕塑中褐色加彩也是表现形象的一种手段，它是以铁锈花的彩绘料点瓷塑的必要部位，将瓷塑形象提炼得更加精彩，使人物瓷塑千姿百态，令人叫绝。动物瓷塑中以禽、畜中的鸡、鹅、狗、鸭、猪、牛等形象为多，也有不少龟、鹊的作品，这

些捏塑作品一般不超过10厘米。另外吉州窑遗址中还常发现一些象棋子，这也是捏塑产品中的一个大类。举凡日常生活中的小玩具，吉州窑都有生产，吉州窑的动物瓷塑，没有宏伟的大件，却不失瓷塑的气魄，细腻与粗犷相济如听民乐，如听山歌，朴质浑厚，刚健清新。吉州窑动物瓷塑中，多是白质坯胎施薄釉，也有些是半截沾黑釉，它们根据形象不同而区别对待，瓷塑施黑釉是动物作品区别于人物作品的一大特点。

第十二章 ｜ 吉州窑瓷器的辨伪及收藏

中国古代陶瓷文化的发展，创立了辉煌灿烂的业绩。随着历代陶瓷烧造技艺的不断发展，诸多南北方不同窑系，不同风格的陶瓷精品和古代传世遗迹在市场上深受民间青睐。不少造型优美，釉汁莹润和图案精美的瓷器珍品也随之被历朝宫廷、寺庙和民间收藏。古代《周礼》记载：周代"春官之职，掌祖庙之收藏，凡国之玉镇大宝藏焉"。历代宫廷、武库和寺庙，均收藏并陈设瓷器、礼器及奇珍异宝，并逐渐扩展到民间百姓的收藏。宋元以后，对瓷器及其他文物的收藏均已成为当时朝野的风尚。瓷器不仅成为"天下无贵贱通用之"的生活日用品，也更加引起帝王将相的珍视，并珍藏于宫廷、寺庙。

随着陶瓷收藏热的不断发展，一批鉴赏古玩遗珍的古籍图书也相继出现。王黼甫《宣和博古图》、吕大临《考古图》、欧阳修《集古图》、赵明诚、李清照的《金石录》、薛尚功《钟鼎器款识》等，都是当时有名的文物鉴赏著录。明代开始，一批新的古瓷著作曹昭《格古要论》、王世懋《窥天外乘》、高濂《遵生八笺》、谷应泰《博物要览》、宋应星《天工开物》等著均相继问世。入清以来，有关陶瓷专著更陆续增多。如蓝浦《景德镇陶录》、无名氏《南窑笔记》、吴骞《阳羡名陶录》、梁同书《古铜瓷器考》、朱琰《陶说》、寂园叟《陶雅》、程哲《窑器谈》等，以及民国许之衡《饮流斋说瓷》、赵汝珍《古玩指南》、邵蛰民《增补古今瓷器源流考》、杨歘谷《古月轩瓷考》、向焯《景德镇陶瓷业纪事》、郭葆昌《瓷器概说》、吴仁敬和辛潮安《中国陶瓷史》《绘瓷学》、江思清《景德镇陶瓷史》、张斐然《江西陶瓷沿革》等，深受读者欢迎。

吉州窑自明代中后期渐次衰败之后，周边一些民间窑场也还继续沿用吉州窑的生产工艺，时有烧造。但目前古玩市场上仿制品的大量出现还是近几十

图47.已故日本古陶瓷研究会会长三上次男先生在吉州窑

年来的事。80年代初随着吉州窑发掘工作的开始，吉州窑器的研究、恢复和生产工作也同时进行。1982年在吉州古陶瓷研究的基础上，又成立了吉州陶瓷厂，对一些吉州窑历代名品开始了研究和仿制生产。1984年，吉州古陶瓷研究所与轻工部陶瓷工业科学研究所合作研究恢复"木叶茶盏"的工作列入了国家科研计划，于1985年通过了国家鉴定。当时吉州陶瓷厂的研究、恢复和生产工作都取得了较大成绩，多次与日本古陶瓷界进行学术交流，1986年日本古陶瓷研究会会长三上次男先生曾到吉州窑遗址，对吉州窑的研究工作给予了高度评价（图47）。

另外，20世纪90年代随着收藏之风日甚，古玩市场日趋活跃，为谋取不正当利益，也多有仿制作伪。笔者曾在河南、山东、陕西等地区走访过一些研究生产宋代古瓷的个体作坊，他们不仅掌握了仿古瓷生产的一般技术，其作伪手段也达到一定程度，产品多在一些古玩市场上流通，由此，当前市场上吉州窑器新旧杂陈。

（一）真伪鉴别的几点规律

一是以科学的手段，从陶瓷的理化性能分析入手从而鉴别出它的真伪及年代。这种科学手段测定古陶瓷的真伪及年代准确率较高，但在测试时需要在被测试的器物上取样，这在一定程度上会造成器物的损伤，另外，对那些"后加彩""后烧款"，或受过曝晒、加热等干扰的器物是不太适用的。这种鉴别手段的复杂性和准确性适用于定向科学的研究，一般收藏者不可能以此方法鉴别瓷器。

二是传统的鉴别方法，这是凭借个人对瓷器了解的程度和经验，对瓷器做出多方面的定论。这种方法虽带有主观性，但其简便易行，不受其他条件限制，关键在于鉴别者的专业知识水平。这种专业知识包括对历史的了解，对瓷器造型、釉色、工艺及烧造情况的了解。传统鉴别方法可以从下面几个方面入手：

（1）断年代 当我们看到一件吉州窑器物时，首先要鉴别出它烧造的大致年代。前面谈到的吉州窑各时期产品的特征及鉴别要点是断代时的主要知识，吉州窑器大多数没有款，一般可根据器物的类别、釉色、造型及制作工艺进行

"分期断代""器物排队"。

(2)定优劣 即鉴别吉州窑器的质量和价值。质量是指古瓷本身是否存在烧制时所造成的或使用过程中所造成的种种毛病，收藏界常说到的"品相"，主要就是指质量，如变形、裂痕、冲口、缩釉、剥釉等等。目前市场上常见到的未烧"熟"的吉州窑器，就是当年被弃置窑边的废器，这类器物在窑址上容易捡到，属于质量较次的器物。价值是指某件古瓷的历史、科技、艺术方面的价值，历史价值一般是指该产品带有绝对的烧造年代或能说明历史分期的断代依据，吉州窑在近千年的烧造过程中，有丰富的产品类别和种类，各时代产品的价值也各有不同，同一时代的器物也有优劣之别。如南宋时期各类黑釉盏，它是吉州窑器中的精致产品，有很高的艺术价值和收藏价值，目前某些传世器物在海内外各大博物馆都是国宝级文化财产，价值连城。而宋元时期出现的彩绘瓷，其文化价值、历史价值、艺术价值、经济价值也是很高的。同样的彩绘瓷，由于精粗程度不同，器物类别不同，其经济价值也各不一样。

(3)辨真伪 即鉴别器物的真伪，通常来说，辨真伪有两个内容，一是区分有意仿制前代产品的赝品，即把"仿古器"与"真器"识别出来，如青花瓷中正德时开始写"宣德年制"等寄托款瓷器，虽然也是仿古瓷，然而其价值也非同一般。

后仿吉州窑器在坯胎原料方面与真品是有差距的。其做旧及辨别的方法大致有以下几种：

1)新仿吉州窑的瓶、炉、盏等，其胎土较真品要紧密细白；其胎体较真品

非重即轻，一般较轻的偏多。其器身的修胎要圆板一些，尤其是底足的处理更平整、呆板，没有真品那种古朴、粗率和疾速的留痕，其整体造型多不到位，没有真品那种粗朴厚实的美感。有"非驴非马"的感觉。

2)古瓷釉面无耀眼浮光，新仿瓷则有耀眼浮光。作伪者一般用兽皮等工具在瓷表面反复摩擦，以达到去其浮光的效果。虽然釉面平整光滑，但在放大镜下仔细观察，会看到无数平行的摩擦痕。

3)将新仿的吉州窑瓷用稀酸涂抹或浸泡，虽然也可以使瓷器表面失去耀眼的浮光，但釉面发涩、苍白，往往显得十分呆板，在放大镜下可以看到伤痕，没有旧器的包浆。

4)作伪者有时也意识到了上述方法给古瓷釉面带来的损害，所以也采用含有油类的软布进行抛打，同样可以使釉面产生柔润的效果，但是与真品釉面光滑细腻的手感明显不同，作伪处理过的新瓷釉面触摸时有油质感。

5)入土久埋，作出人为的土锈，且这种土锈渗入釉中，很容易使收藏者受骗上当，这是陶瓷作伪的一般手段。其实吉州窑的出土器的土锈有明显的结壳现象，这是由于南方潮湿，泥水中含酸成分多而造成的，这种现象一般作伪者不容易达到。伪造器物的土锈附于表面，有些作伪者以黏合剂作出的土锈黏结假象，实为弄巧成拙，画蛇添足之举。

6)人为剥釉现象。作伪者有时故意在古瓷的底足部分剥去一部分釉层，露出胎质，以期给人以时代久远之感觉。但是仔细对比就可以发现伪品的破绽：

真品的剥釉断面基本上是直茬，伪品的剥釉断面则是斜茬。另外，古瓷中低温铅釉，釉面可见一层银色锡光，新瓷则无。

7)在吉州窑酱褐釉或黑釉的素面，真品茶盏的内底或内壁上用新的釉料画上仿古图画，如"双凤""剪纸贴花"纹等，再入炉（或高温烤箱），低温(700～800 ℃)烧烤。这样素面的吉州窑产品便成为彩绘产品了。这在行内称为老胎新彩。但是新彩部分往往会在胎釉间鼓出气泡，且彩绘呆板，只要认真察看，亦不难看出。

8)新仿者往往器形不到位，会出现变形、变体或走样。仿剪纸贴花的茶盏，往往会别出心裁地出现牛、羊，甚至古玉器等的纹样，仿彩绘瓷所画大都潦草、线条呆板、无力度、不流畅。

9)由于吉州窑址很大，当年各式产品的残次品均裸现其地，一些不法之徒，在遗址上采其相同纹饰的残器、裁片拼接，以黏合剂连接，再行上色伪饰，做成完整器在古玩市场上兜售，若不细察，便会以全器购买而上当。但仔细观察之，其纹饰总有不相连接或中断的现象即可判断。

10)有的真品残器其残缺部分用石膏粉调环氧树脂等将其补全，并多次修补，使其与全器相称，再行以画料上色，罩上透明漆，这样残器便成为完整器。细察其修补部分，纹饰呆板，色调失真且难完全统一，只要细心观察，亦不难看出。但这种以环氧树脂和清漆之类作修复材料的修复器，其修复部分在一两年后，由于与空气的氧化作用，颜色会泛黄或呈暗灰色，与全器其他色调明显不同，一目了然。

11)另一种修复是采用进口材料，修复后放入200℃左右的烘干箱内进行烘干，经高温烘干后的修复器，其修复部分的性能比较稳定，在相当长的时间内（10年以上），其颜色不会起变化，这种修复是目前国内最新的一种修复法，其修复器一般难以察出。但要是从纹饰图样上寻找它的接笔处或补画处的不到位，细心察看，还是会找到一些蛛丝马迹的。

对于吉州窑瓷器真伪的辨别，除了以上几点外，还可从以下几个方面考虑：

首先，看其制作工艺，吉州窑瓷的成型工艺有其明显的特点，因为瓷质较粗，拉坯的原始痕迹较重，多数器物留有轮旋痕，显示出拉坯工艺的快速利落，修坯时也留有刀痕在器物的下部和足部，并且可以看到刀痕状的旋纹。仿制品多有因模仿不到位而在工艺上出现的貌似神离之感。其次，吉州窑瓷真品釉面上的块状窑变斑为紫红色；仿品的窑变斑不是偏浅就是过深。仿品的胎色较之真品稍浅，同时由于古代胎泥淘炼较为简单，胎质断面有时有杂质或产生孔隙。

（二）真伪鉴别实例

（1）木叶纹盏鉴别。 吉州窑木叶茶盏，多是装饰在宋代典型的斗笠碗上。这种造型口大、足小、敞口浅腹的形制，利于斗茶时茶水的搅动和茶色的观察，直线斜展的器壁颇具宽广的容纳性格，周正端巧中，蕴藏着宋瓷秀美的个性特征。木叶茶盏的制作，是在已经上好了一层黑釉的盏坯上再考虑叶子的设计，叶子是浸泡腐蚀之后，去了叶衣，只剩叶茎和叶脉的叶片，然后将叶片蘸上与盏底不相类似的釉，平整地置于盏面，窑火的神奇使两种不同的釉在高温中变化，进而生成一丝丝叶脉清晰的图像。吉州窑木叶的丝丝茎脉是那样的清晰生动，透过茎脉的空隙，依然是相融在一起的黑色底釉。

日本人最早研究仿制木叶纹盏，他们的仿制是对中国传统陶瓷工艺的探究。20世纪70年代，日本陶艺家安藤坚将其研究仿制多年的木叶纹盏带到了中国，与中国古陶瓷界的科研人员进行学术交流，并到吉州窑遗址调查探访。

20世纪80年代末，日本陶艺家原太乐也将其研究仿制的吉州窑木叶纹盏及其他品种在北京市工艺美术馆展出，他们的仿制和研究主要是从理化性能中去分析仿制木叶纹盏，其产品缺少工艺美术的人文精神，得其形而失其神。20世纪80年代初，吉州古陶瓷研究所与当时轻工业部陶瓷研究所合作，研究仿制吉州窑木叶纹盏，这项科研成果通过了国家鉴定。他们仿制的木叶纹盏，是仿制品中的精品。你用手轻轻触摸便会发现木叶纹米黄色的釉和盏壁的黑釉基本上相融在一个平面之中。它不像某些粗劣的仿制品，叶片生硬地凸起于底釉之上，或者在叶片处刮掉黑色底釉而使木叶纹与盏壁兀然脱节。但不足之处是黑釉显得浮亮，木叶纹的色调泛青灰的米黄色，与真品有些差别。20世纪90年代，各种仿制品充斥古玩市场，精粗并存，良莠不齐，鉴别时要从釉色、工艺、木叶纹的形制等方面去比较。

（2）剪纸贴花盏鉴别。 吉州窑剪纸贴花茶盏是宋代茶盏品类中装饰独特、最富个性和地方色彩的精品。它是在含铁量较高的黑色底釉上，将剪纸图案贴于盏的内壁，再施一次乳蚀性的灰釉，两种釉在烧制过程中产生变化，以淡衬深，从而出现玳瑁状美丽的斑纹，剪纸贴花纹样既清晰，又不生硬。

仿制者由于对釉色配制的科技含量掌握不足，致使仿制品出现釉色单一，色调不准，剪纸图案边沿线生硬的现象。相反，有的仿制品的釉色流动太大，致使剪纸图案模糊不清。也有堪与真品竞胜者，只要从釉色的微差中去仔细揣摩，一般不易误入彀中。另外，在鉴别真伪时，还可根据前文所述的辨真伪的几个方面对器物进行分析。目前古玩市场上仿制品很多，仿制水平也各有高低，要多比较、多分析。

总之，吉州窑瓷真伪的辨别并不是朝夕之间就能够彻底掌握的学问，它需要日积月累地不断学习、观察和揣摩，更需要经常了解现代吉州窑瓷的发展及仿古瓷生产工艺变化的新动向。

主要参考书目

1．《千年古窑重见天日——吉州窑首次发掘》，《江西日报》1981年3月1日。

2．江西省文物工作队：《江西吉州窑遗址发掘简报》，《考古》1982年5月。

3．江西省文物工作队：《吉州窑遗址发掘报告》，《景德镇陶瓷》1983年专辑（一）。

4．余家栋：《试论吉州窑》，《景德镇陶瓷》1983年专辑（一）。

5．陈柏泉：《吉州窑烧造历史初探》，《中国陶瓷》1982年第7期。

6．陈定荣：《试谈吉州窑的瓷塑艺术》，《江西历史文物》1982年第3期。

7．杨后礼：《元代吉州窑瓷器探索》，《中国陶瓷》1982年7月。

8．余家栋：《吉州窑》，《争鸣》1983年第4期。

9．陈柏泉：《制瓷艺师舒翁、舒娇事迹考》，《景德镇陶瓷学院学报》1982年第1期。

10．余家栋《中国陶瓷·吉州窑》上海人民美术出版社，日本美乃美出版社1984年版。

11．余家栋：《承前启后　独树一帜——吉州窑试析》，《中国陶瓷全集》宋（下）卷，

上海人民美术出版社，1999年11月版。

12．余家栋《吉州临江窑诸问题的探讨》，《贸易陶瓷研究》。1993年NO.13期（日文版）。

13．蒋玄佁：《吉州窑》，文物出版社1985年5月版。

14．余家栋：《江西陶瓷史》，河南大学1997年10月版。

15．叶佩兰：《元代瓷器》，九州图书出版社1998年5月版。

16．冯先铭：《中国古陶瓷图典》，文物出版社1998年1月版。

17．周丽丽：《中国名瓷欣赏与收藏》，上海科学技术出版社1998年12月版。

18．中国硅酸盐学会：《中国陶瓷史》，文物出版社1982年版。

19．熊寥：《中国陶瓷美术史》，紫禁城出版社1993年版。

20．刘杨、赵荣华：《吉州窑瓷鉴定与鉴赏》，江西美术出版社2001年版。

第十三章

名品鉴赏

1. 凸底形匣钵

高12厘米　口径18.5厘米　底径7.5厘米

现藏江西省文物考古研究所　1980年永和窑出土。粗砂胎。此类匣钵多装烧碗盏一类器。

2. "圈状窑具"

　　现藏江西省文物考古研究所　1980年永和窑出土。粗砂胎。内壁作齿圈状，外壁呈筒状。 此式窑具多覆烧乳白釉芒口碗、盏、碟用，一件覆烧窑具一次可装烧九件生坯。残损。

3. 匣钵残片

　　现藏江西省文物考古研究所　1980年永和窑出土。粗砂胎。器底刻划有
"立""牛""和""太""大"和"尹"等字款。

4. 坩埚

高9.4厘米　直径9.5厘米

　　现藏江西省文物考古研究所　粗砂胎。直唇，深腹，圆底。底部压印"尹"字方框款识。1980年永和窑出土。

5. 碾槽

　　现藏江西省文物考古研究所　1980年永和窑出土。粗砂胎质。胎色泛红紫，平底，两端斜翘，中为一道宽凹槽，呈船形。

6. 制瓷工具四种 宋

瓷垫高4.7厘米　直径10.4厘米　柄径5.5厘米

轮轴帽高5厘米　顶径7厘米

铁削刀长14厘米　刃面宽1厘米　把端宽3.5厘米

现藏江西省文物考古研究所　1980年永和窑出土。瓷垫。蘑菇形，顶平微拱，垫柄粗短。轮轴帽，瓷质。棱柱形，有7～8棱不等。顶平，底内凹呈圆形轴窝。轴窝内施釉，釉色淡青。铁削刀，单面刃，四棱柄，把手端有两对角圆桃形镂孔，这些工具为我们研究宋代制瓷工艺提供了珍贵的实物资料。

7. 滚珠 宋

直径2.4厘米～3厘米

现藏江西省文物考古研究所　1980年永和窑出土。瓷质，施酱褐色釉。

8. 青瓷注壶 晚唐

高26厘米　口径9.5厘米　底径9.2厘米

　　现藏江西省文物考古研究所　1980年永和窑出土。直唇，高束颈，腹修长微鼓，平底稍内凹，肩设对称双系，短流，扁平把手。施酱褐色釉。

9.褐釉罐

高8厘米　口径8厘米

　　现藏江西省文物考古研究所　永和窑出土。敞口，圆唇，筒腹，宽圈足。施釉不及底。

10.黑釉虎斑纹长颈瓶 宋

　　高15.8厘米　口径4.2厘米　底径5.4厘米

　　现藏江西省博物馆　1954年南昌市征集，宋代永和窑常见产品。小口，圆唇，细长颈，椭圆腹，矮圈足。底足露灰黄色胎。外壁先施黑釉为地，再洒黄褐色彩斑，洒脱自然，奔放有力，富有浓郁的民间生活气息。

11.黑釉褐斑花口瓶 元

　　高10.8厘米　口径3.2厘米　底径3.7厘米

　　现藏江西省文物考古研究所　永和窑出土。花口，长束颈，扁鼓腹，矮圈足。口径稍残。通体饰褐色油滴斑纹。

12.黑釉玳瑁斑长颈瓶 宋

高20.5厘米　口径4厘米　底径4.3厘米

　　现藏江西省博物馆　1980年永和窑出土。敞口，方唇，细长颈，溜肩，圆弧腹，圈足。胎色灰白。全器饰黑釉玳瑁斑纹，仅圈足露胎。纹样洒脱自然，窑变釉色绚丽。

14.黑釉散缀朵梅剔花瓶 宋

高20.7厘米 口径4.3厘米 底径5.5厘米

现藏江西省博物馆 1969年南昌市收集。宋代永和窑珍稀产品。小口，圆唇外卷，细短颈，橄榄形腹，假圈足底内凹。器腹剔刻白胎并点饰黄蕊朵花纹样。通体施纯黑釉，仅底足露浅黄色胎。工艺严谨，造型古朴雅致，在永和窑瓷器中较为罕见。

13.黑釉虎皮玳瑁纹瓶 宋

高19.2厘米 口径5.5厘米 底径6.4厘米

现藏江西省博物馆 1978年丰城市出土。宋代永和窑典型产品。花口，长束颈，椭圆形腹，矮圈足。颈腹间贴塑凸棱纹一道。施黑釉不及底，外壁饰窑变玳瑁斑褐釉。

15.黑釉剔花折枝梅纹瓶　宋
　　高18.8厘米　口径4.8厘米　底径6.8厘米

　　现藏宜春市博物馆　江西宜春市出土。永和窑典型产品。胎质灰白。釉色纯黑，全器外壁满釉，仅底足露胎。圆唇，沿外卷，束颈。丰肩，深弧腹，高圈足。器腹饰对称剔花并点饰折枝梅各一枝。刀法简练，别具一格，富有浓郁的地方特色。

16.黑釉剔花三足炉、黑釉剔花四系罐 宋

　　现藏江西省文物考古研究所　1980年永和窑出土。稍残破。内折唇，平底，下设三乳足。胎质灰黄。外壁施黑釉不及底，釉汁莹润，色泽乌黑。器腹刻剔对称莲荷花纹样。花卉露素胎。

17.黑釉虎皮斑纹托杯 宋

高10.5厘米　口径12.7厘米　底径5厘米

　　现藏江西省文物考古研究所　1980年永和窑出土。敛口，深腹至底内收，束颈，下连托盘，圈足。饰黑酱色釉和釉上虎皮斑纹。造型古朴庄重。

18.黑釉三足炉 宋

高9厘米 口径10.2厘米

现藏江西省博物馆 南昌市征集。外折唇，短束颈，溜肩，圆腹，平底下设三足。灰白偏紫色釉。施黑釉，外满釉内不及底。造型古朴庄重。釉汁漆黑莹亮。

19.褐釉印花回纹三足炉 宋

高8.8厘米 口径11.6厘米 底径9.3厘米

现藏江西省博物馆 1970年南昌市文物商店收集。敞口，平沿内折，深腹，平底下设三兽蹄形矮足。施酱褐色釉，内壁及近底露胎。外壁釉下压印凸回字和"卍"字纹样。

20.黑釉虎皮斑纹罐 宋

高10.6厘米 口径10.2厘米 底径5.5厘米

现藏江西省博物馆 1980年永和窰出土。宋代吉州永和窰典型产品。圆唇外卷，束颈，溜肩，鼓腹，圈足。全器施黑色釉，外壁至底部，内壁至口沿下，底足露胎。灰黄色胎。外壁满布窰变虎皮斑纹。造型端庄。窰变釉工艺精湛。

21.酱褐釉乳钉纹罐 南宋

高8厘米 口径8.1厘米

现藏丰城市博物馆 江西丰城市出土。圆唇，平折沿，长束颈，溜肩，圆腹，圈底微内凹。灰白偏黄色胎。施酱褐色釉，内满釉外不及底。器外腹环饰柳条编织纹样，颈部饰乳钉纹一周。造型源于江南水乡之渔具，体现了各种艺术相互联系、互相影响和交流的过程。

22.黑釉玳瑁纹炉 宋

高5.2厘米、口径12.7厘米

现藏樟树市博物馆　江西樟树市出土。圆唇，沿外折，短束颈，圆肩，弧腹，平底，三足。胎色灰白，通体施黑釉，器腹黑地上饰窑变玳瑁斑纹。造型端庄古朴，窑变工艺复杂。玳瑁斑纹源于自然，体现了吉州窑工观察生活细致，艺术源于生活之道的真实写照。

23.黑釉虎皮斑纹盏 宋

高5.6厘米、口径11.7厘米

现藏上海博物馆　圆唇，口微侈，弧腹，圈足，外墙略撇。口沿下有凹弦纹一周。灰白色胎。施黑色底釉和虎皮斑黄褐釉，经焙烧，形成纹饰丰富的窑变釉面，系吉州窑独具风格的配釉工艺。

24.黑釉黄花碗　宋

高7.3厘米　口径16厘米

　　现藏上海博物馆　吉州窑典型产品。侈口，圆唇，深弧腹，圈足。颈部有凹棱一周。胎质灰黄。全器内外满釉，仅底足露胎。釉色赭黑，釉汁匀净。内壁以赭黑釉为地，饰以淡黄色团花纹图案。庄重别致，形制优美。

25.黑釉彩绘盏　宋

高4厘米　口径10.9厘米

　　现藏江西省博物馆　1980年永和窑出土。宋代吉州窑典型产品。口微敛，弧腹，假圈足。灰黄色釉。全器满釉，底足露胎。釉色赭黑，内壁以赭黑釉为地，用淡黄色彩料勾绘花草纹图案。笔意娴熟简练。

26.酱黑釉盏 宋
　　高5.5厘米　口径9.3厘米

　　现藏新干县博物馆　江西新干县出土。圆唇，侈口，弧腹至底渐内收，平底。内外口沿下有凹弦纹一道。灰白色胎。施酱黑色釉，釉汁莹亮，釉面光洁，几可照容。系吉州窑酱黑釉中之精品。

27.黑釉莲花形碗 宋
　　高6.5厘米　口径14.4厘米

　　现藏江西省博物馆　1975年永和窑采集。宋代吉州窑名贵产品。莲花形口，花瓣形深至腹渐内收，假圈足，边墙微外撇。器腹内外壁分别呈凹、凸状出筋与花口相连。全器通体施黑釉，仅底露灰白胎。胎薄体轻，造型优美，看似一朵绽开的出水芙蓉，亭亭玉立，摇曳生姿。花口出筋则吸取了金银器装饰艺术的养分，达到了移花接木的特殊功效，体现了吉州窑师匠高超的制瓷技法与独到的美学素养，是一件难得的佳作。

28.黑釉双凤穿花纹盏 宋
　　高4.9厘米　口径12.5厘米　底径3.7厘米

　　现藏江西省博物馆　1975年永和窑采集。圆唇，弧腹，圈足。胎色灰白偏黄，施黑釉。盏内底腹以黑釉为地，用淡黄色料勾绘双凤穿花图案。器形规整，画笔娴熟，笔简意深，纹样富有浓郁的民间生活气息，是一件难得的艺术珍品。

29.黑釉剪纸贴花纹盏 宋

高5.7 口径11.2厘米

现藏江西省博物馆 1980年吉州窑出土。吉州窑名贵产品。侈口,圆唇,腹斜削,圈足。全器施黑釉不及底,釉色赭黑。内壁口沿下及腹中部各饰釉下剪纸花边和三组对称菱形剪纸吉祥文字图案,分别是"福寿康宁","金玉满堂"和"长命富贵",这些文字在剪纸相连的特点中变化成窗花一样的格式,结构奇特,耐人寻味。

30.黑釉木叶贴花盏 宋

高5.5厘米 口径14.8厘米 底径3.8厘米

现藏江西省博物馆 1962年南昌市出土。宋代吉州窑珍稀产品。敞口,圆唇,腹壁斜削,假圈足。全器内外满釉,仅底足露胎。釉汁莹亮,釉色纯黑,器内壁贴木叶一片,自盏心有直铺盏边,设计构思显得大胆、自然,并无单调之感。木叶虽经入窑焙烧,仍然新鲜绿嫩,脉络清晰,显示出吉州窑匠师们高超娴熟的烧造技艺。

31.黑釉剪纸鸾凤戏花纹盏 宋

高6.6厘米 口径16.4厘米

现藏上海博物馆 圆唇,侈口,弧腹至底渐内收,圈足。内底有圆圈纹一周。灰白色胎。施酱黄色兔毫斑釉,内满外至近底部。内底心贴饰剪纸梅花纹一朵,内壁为剪纸三凤同向绕梅飞舞。釉面兔毫纹清晰逼真,鸾凤绕梅飞舞,给人以静中有动之感。此器将兔毫纹的釉面装饰与剪纸鸾凤纹釉下装饰结合得美到毫颠,将吉州窑变与剪纸绝技发挥得淋漓尽致。

32.黑釉散缀朵梅纹碗 宋

高6.2厘米　口径12.5厘米　底径3.8厘米

　　现藏江西省博物馆　1971年南昌市出土。宋代吉州窑名贵产品。口微敛，腹斜削，圈足。全器内外满釉，仅底足露胎。内壁釉经窑变呈兔毫斑纹，斑纹之上饰以紫褐色朵梅剪纸贴花图案。外壁釉色赭黑，唇沿和腹下薄釉处微呈酱褐色。富有浓厚的民间生活气息，高雅名贵，工艺精湛。

33.黑釉深腹碗 宋

高7.9厘米　口径12.1厘米

　　现藏江西省博物馆　永和窑出土。圆唇，敞口，深腹，腹壁斜削至底，圈足。胎色灰白。通体施漆黑色釉，内外满釉至近底部。制作规整。造型古朴。釉色漆黑，釉面光润无浮光。系吉州素天目中之佳品。

34.黑釉木叶贴花盏 宋

高4.6厘米　口径10.7厘米

　　现藏上海博物馆　圆唇，口微敛，弧腹壁至底渐内收，圈足。外口沿下有凹棱一道。内壁釉下饰天然木叶一片，茎脉分明，浑然天成，为吉州窑焙烧工艺所独创。全器胎壁细薄均匀，内外满施黑釉，仅底足无釉处露浅黄色胎。

35.黑釉彩绘唐草纹盏 宋

残高5.4厘米

现藏江西省文物考古研究所 1980年永和窑出土。残片。圆唇，敛口，弧腹，圈足。胎质灰白粗松。施黑釉。釉下以褐彩勾绘莲瓣状唐草纹。纹饰布局规范，有疏可跑马、密不透风的效果。笔法酣畅淋漓。制作精美秀丽。属永和窑难得见到的珍品。

36.白地彩绘大盘 元

现藏江西省文物考古研究所 1980年永和窑出土。残破。浅弧腹，大平底，矮圈足。内壁釉下饰宽带或细弦纹，底中心绘双鱼图案。画间娴熟，笔间意深，寥寥数笔，游鱼栩栩如生。

37.黑釉兔毫斑盏
　　高3厘米　口径9.9厘米

　　现藏宜春市博物馆　江西宜春市出土。圆唇，敛口，腹壁斜削至底，平底。灰白色胎，泥质感较强。施酱黑色兔毫斑纹，内满釉外至腹中部。造型规整。釉面光洁，兔毫斑纹理清晰，浑然天成，足见吉州窑匠师对釉料及窑温的掌控了如指掌。

38.黑釉玳瑁斑纹碗　宋
　　高5.4厘米　口径11.6厘米　底径4厘米

　　现藏江西省文物考古研究所　1980年永和窑出土。口微敛，弧腹至底渐内收，平底。胎质灰黄。内外饰黑釉不及底，再施以灰白色玳瑁斑装饰。口沿稍残破。

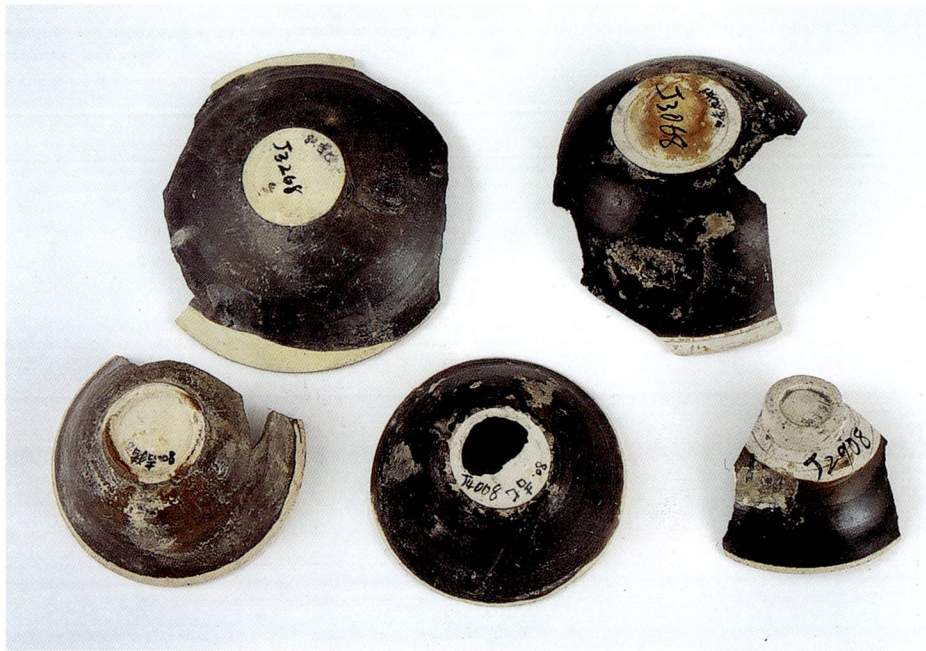

39.黑釉白边碗 宋

现藏江西省文物考古研究所 1980年永和窑出土。均残。薄唇，腹壁斜鼓，平底或矮圈足。施内白釉外黑釉不及底。口沿施白釉，有"白覆轮"之称。此类施釉技法与制作工艺在北方山西、河北和河南一带黑釉系窑场常见，河南禹县钧台窑更为典型。这是吉州窑仿北方黑釉民窑代表作之一。

40.剪纸贴花纹黑釉盏 宋

（上）最大残口径12.5厘米 （下）最大残口径12厘米

现藏江西省文物考古研究所 1980年永和窑出土。均残。剪纸贴花与木叶贴花装饰仅见于吉州窑，为该窑独创产品。剪纸贴花多运用于碗、盏内壁，常见的有鸾凤花纹、鹿树兔毫纹、散缀梅花纹。纹样均为人们所喜闻乐见的民间剪纸艺术图案。而木叶贴花则以天然树叶装饰在黑釉碗、盏内壁。人们在用盏品茶的同时，将视觉与味觉享受合二为一，不仅使品茶成为味觉享受，亦使其上升为一种可望可及的精神享受。

41.黑釉彩绘大碗　宋

　　现藏江西省文物考古研究所　1980年永和窑出土。残。腹内外施黑釉不及底，内底为黄白地，饰酱褐彩菊花纹样，画笔酣畅娴熟。

42.黑釉彩绘大碗　宋

　　现藏江西省文物考古研究所　1980年永和窑出土。残。内外施黑釉不及底。内底以黄白色为地，以酱褐色彩料勾绘石竹花卉图案。画笔流畅，笔力刚劲。

43.仿龙泉釉高足杯 元

　　现藏江西省文物考古研究所　1980年永和窑出土。均残。碗形口，竹节形实心把柄。施豆青色或青绿泛黄色釉。釉汁光润莹亮。属吉州窑仿龙泉釉产品。

44.乳白釉印花玉壶春瓶 元

残高25厘米　口径5厘米　底径8.4厘米

　　现藏江西省博物馆　1980年永和窑出土。喇叭形口，细长颈，溜肩，假圈足。灰白色胎。通体施乳白色釉。器腹上下压印凸棱纹各一道，腹部压印缠枝牡丹和鸾凤图案，近底部饰如意纹一周。印纹较浅。胎壁较粗。造型庄重秀美。

45.乳白釉折唇碗 晚唐

高5.5厘米 口径11厘米 底径4.2厘米

现藏江西省博物馆 1980年永和窑出土。平折唇，弧腹内收至底，宽圈足。胎色灰白。施乳白釉。釉汁肥厚，釉色白中微泛黄，光亮度不高，近似定窑出土的折唇碗风格。

46.乳白釉印花碟 北宋

现藏江西省文物考古研究所 1980年永和窑出土。均残。敞口，浅腹，平底。内底压印莲荷或牡丹花卉。图案规整，线条流畅。施乳白色釉，釉汁明净。

47.白地褐彩莲瓣纹罐 南宋

高10厘米 口径5.7厘米

现藏上海市博物馆 罐器分为罐身、罐盖两部分。罐盖隆鼓，似盘状。罐身为直口、圆肩、深鼓腹、矮圈足。肩部贴塑半环形系钮。灰白泛黄色胎。施薄白透明釉。器盖与器身满饰几何形莲瓣纹。整体画面与罐体恰似一朵盛开的荷花，亭亭玉立，摇曳生姿。

48. 白地彩绘粉盒、罐盒　南宋

　　最大残长11.6厘米

　　现藏江西省文物考古研究所　1980年永和窑出土。均残。吉州窑彩绘瓷除以植物纹样为装饰题材之外，还配以诗词装饰画面，借以表达理想追求或世俗风情的装饰主题。个别器形亦有以文字标明用途的，如右上盖面上的彩绘文字为生产粉盒的尹家窑场之广告款。

49. 乳白釉褐彩"本觉"款铭盏　北宋

　　口径6.3厘米　底径3.8厘米

　　现藏江西省博物馆　1980年永和窑出土。残破。薄唇，敛口，弧腹，圈足。灰白色胎。施乳白色釉不及底。釉汁肥厚。内底釉下以褐彩书"本觉"二字款铭。当系与吉州窑场近旁本觉寺相关的日用瓷。这对研究瓷城永和唐"本觉寺"以及"六街三市"历史具有重要意义。

50. 白地褐彩兰草纹粉盒　南宋

　　高3.5厘米　口径8厘米

　　现藏高安市博物馆　江西高安市出土。整器呈扁圆形，分盖、盒身两部分。盒盖隆鼓，盒身为子口，浅弧腹，平底微凹。灰白泛黄色胎。施透明薄釉。盖面釉下为宽、窄弦纹，内绘兰草纹样，令人难以辨粉香与兰香。

51.白地彩绘莲荷双鱼纹盆 元
高12.8厘米 口径25.5厘米 底径14.5厘米

　　现藏江西省博物馆 1980年永和窑出土。方唇，敞口，浅弧腹，圈足。灰白色胎。施白釉。盆内底勾绘双鱼水波纹，内壁环饰莲荷花草纹一周，花蕊采用剔釉手法装饰。口沿及外壁分别衬饰粗细弦纹及花草纹。画面繁而不乱，画笔苍劲有力，剔釉留白处娴熟纤细。整器庄重挺拔，色彩绚丽，代表了吉州窑彩绘技术的高艺术水准。目前传世吉州窑彩绘盆类中仅见此件，珍贵难得。

52.玳瑁彩绘石竹花卉纹盆　元

　　现藏江西省博物馆　1980年永和窑出土。盛食器。圆唇，口沿外平折，浅弧腹，内底宽平，矮圈足。釉层与画面采用多层次装饰技法，器腹内外壁饰玳瑁斑天目釉，釉不及底。内底为釉上黄白地开光，再用酱褐釉勾绘石竹花卉图案，并刻划有凹线花茎。画笔纤细娴熟，笔力苍劲活泼，极富民间生活气息。色彩鲜艳，釉汁莹亮。造型端庄挺拔，与元代胎形装饰多相近似，是目前仅见的吉州窑代表作。

53.白地彩绘海涛兰草纹枕 元
高8.9厘米 长21.8厘米

现藏江西省博物馆 1972年江西新余市出土。枕面呈长方形，中凹，平底，胎质坚致，胎色灰白。施薄白釉。系先制作瓷板，再粘结成器。枕侧有支烧痕和排气孔。全器釉下以褐彩勾勒枕面轮廓，起正侧面分区绘画的作用。枕面及其正、侧面分别绘以海水波涛纹和兰草纹样。制作精细，达到了既美观又实用的效果。

54.白地彩绘飞蝶纹粉盒 南宋
高3.2厘米 口径5.7厘米

现藏上海市博物馆 整器呈扁圆形。分盒盖、盒身两部分。盒盖隆鼓，盒身为子口，浅弧腹，平底略凹。灰白泛黄色胎。施透明薄白釉。盖面釉下饰宽、窄弦纹，内绘朵莲及双飞蝶纹样。图案规整，线条流畅，飞蝶栩栩如生。

55.素胎象棋子 宋
最大直径9厘米

现藏江西省文物考古研究所 1980年永和窑出土。胎色灰白。棋子分别为"车""象""士""炮"的阴刻楷体字样。此类象棋为研究中国象棋史及宋代人们的社会生活提供了实物资料。

56.白地彩绘粉盒盖 南宋至元

最大残口径9厘米～10厘米

　　现藏江西省文物考古研究所　1980年永和窑出土。圆形盖面隆顶。胎色灰白泛黄。施薄白釉。釉下以褐彩勾绘莲花、兰草、梅竹山花、芦雁、蛱蝶等纹样，辅以弦纹装饰画面。纹样丰富，画笔娴熟，布局规整，制作精美。

57.白地褐彩波涛纹罐　元
残高20厘米

　　现藏江西吉州古陶瓷研究所　1981年永和窑屋后岭出土。方唇，直口，短颈，丰肩，圆腹，平底。胎质灰白。施透明釉。器腹主题纹饰为海水波涛纹，口、颈、肩及近底部分别绘以弦纹和卷草纹。肩部用酱褐彩书写有"丁未岁下市朱有成口"款铭。这件纪年款器为吉州窑彩绘瓷的断代以及"六街三市"（即"上市""中市""下市"）的文献记载提供了有力的实物佐证，实属珍贵！

58.白地彩绘奔鹿纹盖罐　南宋

通高19.5厘米　口径10.4厘米　底径7.8厘米

　　现藏江西省博物馆　1970年江西南昌县南宋"嘉定二年"墓出土。盖顶微弧拱，盖沿平折，子口，盖面饰酱褐彩绘折枝牡丹。器身直唇，肩斜折，瘦长腹，矮圈足。颈部环饰彩绘蔓草纹，肩部及近底部环以彩绘宽带纹作边饰。腹部主题图案绘对称四连弧开光，窗内绘跃鹿口衔灵芝图案。窗外空间衬饰缠枝牡丹纹样。全器施薄白透明釉。彩料呈酱褐色。是近年来有绝对纪年可考的吉州窑彩绘瓷珍品。图案主题突出，反映富贵吉祥，憧憬美满幸福。图案章法匀称和谐，自然完美，给人以清爽轻巧的感受。

59.白地彩绘喜鹊闹梅纹剔釉瓶　南宋

高18厘米　口径4.1厘米

　　现藏九江市博物馆　江西省九江市
出土。圆唇，侈口，长颈，溜肩，鼓腹，
圈足。灰白色胎。施薄白釉。器腹主题纹
饰为釉下彩绘喜鹊闹梅图，鹊眉、羽及梅
蕊部采用剔釉手法，使画面纹路清晰，活
灵活现。颈部及底部分别衬以褐彩弦纹。
全器造型奇特，构思精巧，工艺精湛，代
表了吉州窑彩绘瓷的较高艺术水平。

60.黑釉剔花梅瓶 南宋

高10.1厘米 口径4.6厘米 底径6.6厘米

现藏江西省博物馆 1974年南昌县出土。胎质灰白。外壁满釉，釉色近乎纯黑，薄釉处微赭，内壁及器底露胎。卷唇小口，细长颈，椭圆腹，高圈足。腹部两面饰对称剔花折枝梅各一枝。剔花折枝梅具有浓厚的地方特色。

61.黑釉剔花瓶　南宋

高20厘米　口径5.4厘米　底径9厘米

　　现藏宜春市博物馆　1983年宜春南宋"庆元五年"（1200）墓出土。敞口，长束颈，溜肩，椭圆腹，圈足。胎质灰白。施黑釉不及底，器腹剔刻折枝梅一枝。画面纯朴，刀法流畅刚劲，意趣盎然，具有浓厚的地方特色。是一件有绝对纪年款的吉州窑珍稀产品。

62.白地彩绘芦苇鸳鸯戏水纹瓶 南宋

高19.8厘米   口径5.6厘米   底径8.6厘米

　　现藏广东省博物馆   胎质微泛黄色。施薄白釉不及底。采用以褐彩绘制三层图案，口沿饰卷草纹，颈部绘回纹，腹部绘锦地两开光，一边内绘水草鸳鸯，另一边内画芦苇鸳鸯。以写意手法，寥寥数笔，便勾画出两对鸳鸯在水中游嬉，衬以水草芦苇，形象十分生动，饶有情趣。

63.白地彩绘卷草纹瓶　南宋
高20.8厘米　口径6厘米

　　现藏新干县博物馆　江西新干县出土。喇叭口，束颈，溜肩，椭圆腹，圈足。灰白色胎。施薄白釉。釉下瓶颈、器腹满饰褐彩卷草纹样，口沿下及近底部衬饰褐彩宽带纹。造型优美，制作规整。图案装饰密布全器却繁而不乱。白釉与褐彩相互映衬，相得益彰，充分体现出画师高超的布局谋篇技巧。

64.白地彩绘唐草纹瓶　南宋

高34厘米　口径8.5厘米

　　现藏九江市博物馆　江西九江市出土。盘口，短束颈，丰肩，腹修长弧鼓至底渐内收，最大腹径位于上腹部，矮圈足。灰白色胎，施透明薄白釉。除口部与颈部外，器腹釉下满绘卷枝唐草纹，肩部及近底部分别描绘重瓣莲花纹、弦纹和回纹。整器制作精良，端庄挺拔。彩绘布局匀称，繁而不乱，色彩浓艳。堪称吉州窑彩绘瓷之代表作。

65.黑釉彩绘卷草纹罐　元

高23厘米　口径7.5厘米　底径9.6厘米

　　现藏江西省博物馆　1976年江西樟树市出土。元代吉州窑典型产品。胎质较细，呈米黄色。小口，圆唇，丰肩，鼓腹至底渐内收，圈足，底微内凹。黑地淡黄色彩绘漩涡纹组成桃形图案。纹饰严谨，布局匀称，相互扣合。其风格古拙奇特，迄今罕见，是研究黑釉彩绘瓷的重要佐证。

66.小口黑釉圆圈玳瑁纹梅瓶　元
高20.1厘米　口径2.8厘米

　　现藏江西省博物馆　江西永新县出土。圆唇，小口，短颈，修长腹，圈足。灰白色胎。通体施底釉和顶层釉，形成绚丽多彩的窑变釉，器身釉下满布圆圈纹褐彩斑。造型古朴，纹饰规整有序。色彩绚丽，工艺精湛。代表了吉州窑变釉工艺的优良水平。

67.白地褐彩春花海涛纹盒 元

通高10厘米　外口径11.4厘米　内口径9.8厘米　底径7.6厘米

　　现藏江西省博物馆　江西吉安市出土。整器由盒盖、盒身两部分组成。盒盖为母口盖面，隆鼓。盒身为子口，深筒腹微鼓，矮圈足。灰白泛黄胎。透明薄白釉。盖面绘一组花草纹图案，衬饰弦纹边。器身勾绘双线连弧开光，窗内饰花草纹，窗外衬绘海涛及弦纹图案。造型规整。画面呈现一派生机盎然的春意。

68.白地彩绘乳钉纹三足炉 元
高7厘米 口径7.6厘米

　　现藏上海市博物馆 方唇，敛口，深腹微鼓，平底下设三足。胎色浅黄。施透明釉。腹部釉下绘连弧开光，窗内饰花草纹，窗外辅以海水波涛及弦纹，近底部饰褐色弦纹，其上环以白釉凸状乳钉纹一周。造型古朴，色彩明艳，线条流畅，布局繁而不乱。

69.黑地白花莲荷纹三足炉　南宋
高6.8厘米　口径10.2厘米　底径7.8厘米

　　现藏江西省博物馆　1970年江西南昌南宋"嘉定二年"（1209）墓出土。圆唇，平沿内折，筒形腹微鼓，平底，矮三足。胎质灰白细腻，外施薄白釉。装饰主题图案在腹中部，以褐彩作色绘纤细莲荷纹，上下各绘连续回纹一周，沿面饰卷草纹一道。造型工整，勾绘娴熟，纹样纤细，形象逼真。充分反映了南宋时期吉州窑的烧造技艺与绘画水平。它又是吉州窑彩绘瓷中有绝对年代可考、可供断代的标准器。

70.绿釉蕉叶纹枕　宋

高9厘米　长27.8厘米

现藏樟树市博物馆　江西樟树市出土。腰圆形。枕面微凹，平面作八角形。枕面主题纹饰为釉下划蕉叶纹，枕侧四周戳印凹圆圈纹。施绿釉，枕底无釉露灰黄色胎。

71.白地彩绘鸟食罐、小罐　元

（左、中）高4.5厘米~4.8厘米　（左下、中）高3.2厘米~3.5厘米

现藏江西省文物考古研究所　1980年永和窑出土。均残破。一类（左、中）为直唇，短颈，鼓腹，矮圈足底内凹，有的近似圜底。腹侧附塑一环钮。彩绘平行弦纹，口、近腹部下端环饰白色凸乳钉各一周。一类（左下、中）为敛口，折腹，至底内收呈锥形底。腹壁环饰平行弦纹。腹侧附塑一三棱形钮。口部残。一类（右上、下）为敞口，矮直唇，球腹。腹部饰三对称连弧开光，窗内绘梅蝶或芍药图案，窗外衬饰几何形锦地花草纹。

72.绿釉莲荷纹枕　宋

高9.1厘米　长26厘米

　　现藏江西省博物馆　江西丰城市出土。腰圆形。枕面微凹，平底。枕面主题纹饰为釉下刻画水波涟漪荷纹。通体施绿釉，枕底露灰黄色素胎。胎质细柔较疏松，呈泥质感。

73.绿釉钵　宋

高5厘米　口径11.1厘米

　　现藏江西省博物馆　江西新建县出土。圆唇，敛口，弧腹，平底。外壁口沿下饰凹弦纹一周。胎质灰白粗松。通体施绿釉，仅底足露胎。制作规整，胎壁光滑。釉汁莹亮，造型别致，为宋代吉州窑绿釉瓷之佳作。

74.绿釉印花盏 南宋
高4.2厘米　口径11.5厘米

现藏江西省吉安县古陶瓷研究所　永和窑出土。敞口微外撇，腹壁斜削，圈足底内凹。碗内壁模印牡丹花纹样。印纹清晰，布局匀称，线条流畅。通体施绿釉仅底露胎。

75.宋代彩绘人像 残片

现藏江西省文物考古研究所　1980年永和窑出土。宋。施薄白透明釉。釉下勾绘褐彩人像。头戴幞帽，八字长须，眉清目秀，身穿开领袍服。近旁置大罐一只，似与饮酒内容有关。这为研究宋代服饰提供了珍贵的画面资料。

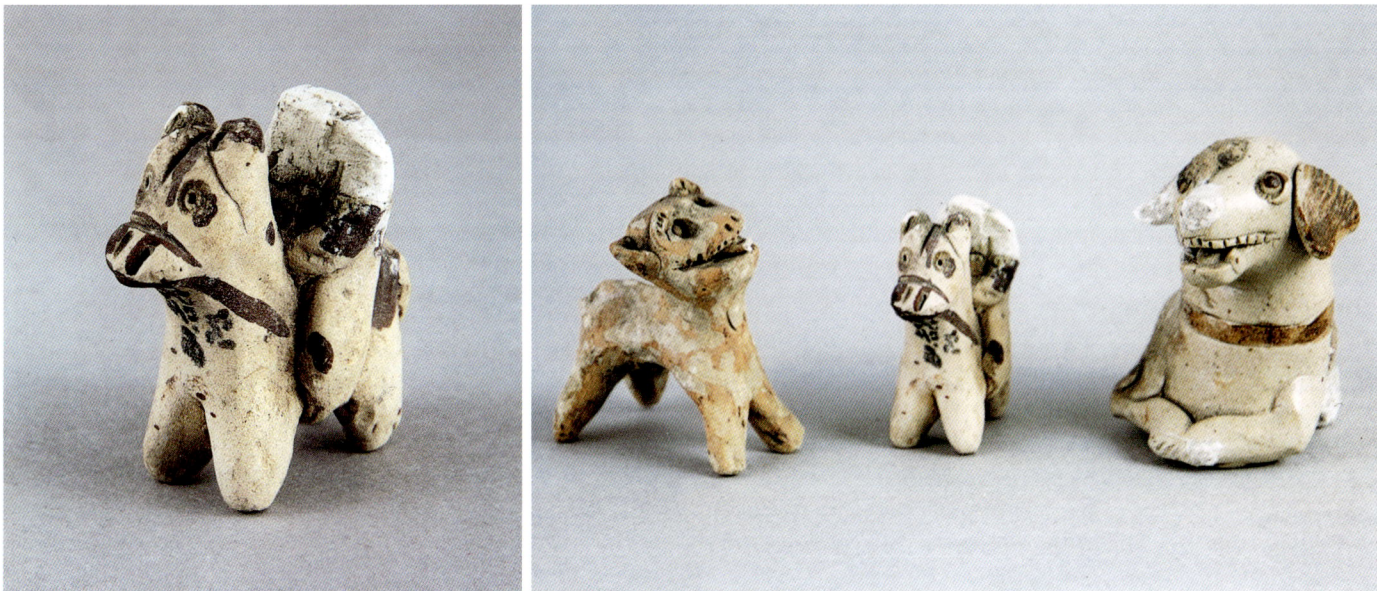

76.白地彩绘瓷狗 南宋

　　现藏江西省文物考古研究所　1980年永和窑出土。较完整。昂首，翘尾，瞪目，作奔走或蹲伏状。有的竖耳，有的垂耳，龇牙咧嘴。头、颈饰弦带纹，眼部饰点彩。塑捏较细致，栩栩如生。

77.白地彩绘瓷塑像 南宋 均残

　　现藏江西省文物考古研究所　1980年永和窑出土。塑像形象高大，脸庞丰满，粗眉大眼，两耳垂肩，衣袍宽大，神态活泼自然。施薄白釉，头、眉、眼及衣襟腰带饰以褐色彩绘。

78.黑釉碗 南宋

　　（左）高5.4厘米　口径12.4厘米

　　（右）高5.6厘米　口径10.5厘米

　　现藏江西省文物考古研究所　两件均系1990年临江窑出土。左件口微敛，深斜腹，圈足极矮形似卧足。通体施黑地玳瑁斑纹。胎质灰黄。釉汁莹润。右件敛口，深鼓腹，假圈足底微内凹，器壁有旋削痕迹。施黑色釉，釉不及底，釉汁莹润。胎质灰黄。制作较精细。

79.黑釉高足杯 元

　　现藏江西省文物考古研究所　1990年临江窑出土。残破。敞口，腹微鼓，喇叭形实心柄，高圈足。胎质灰白。通体施黑釉，底足露胎。外壁见旋削痕。

80.白釉高足杯 明

　　高7.8厘米　口径6.5厘米

　　现藏江西省文物考古研究所　1990年临江窑出土。近直口，厚唇，深弧腹，喇叭形高圈足。柄上端塑有一周凸棱，底足心中空，足外沿修削光洁。通体施白釉，釉汁凝厚。制作精美。

81.白地彩绘卷枝纹枕 南宋

现藏江西省文物考古研究所 1990年临江窑出土。长方形、中凹、两端翘起，枕上、下及前后六面饰粗、细边框两道，框内勾绘白地酱褐彩卷枝、卷叶纹样。图案规整对称，画面活泼自然。造型庄重别致。制作精细规整。

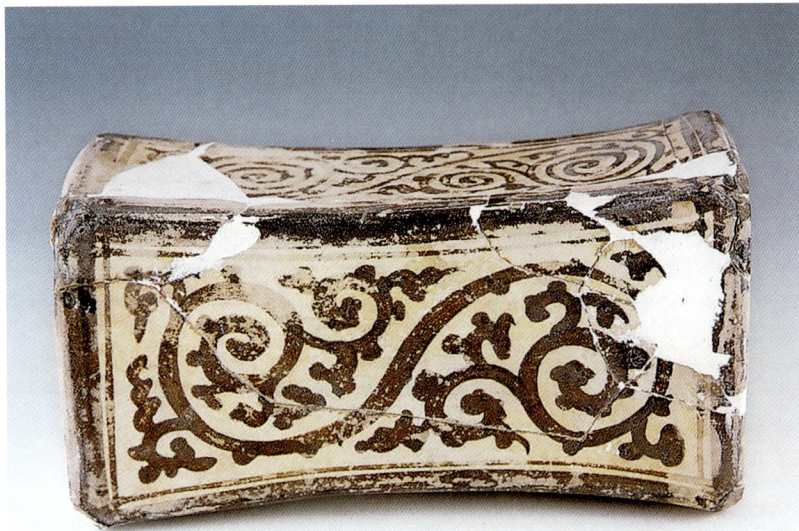

82.仿龙泉釉菱花口大盘 元
高5.2厘米 口径25.6厘米

现藏江西省文物考古研究所 1990年临江窑出土。菱花口，浅弧腹，矮圈足。裹足釉，底足内有一圈刮釉，露红泛黄色黄胎，为标准元代龙泉窑烧造特征。釉汁肥厚，釉色莹润。器内壁釉下刻印纹饰，口沿饰单线、三线水波纹，内腹饰缠枝花草纹，内底有三线水波纹和四连弧开光，底心为牡丹图案，两侧印有阳文楷书"吉""昌"二字。外壁饰凹莲瓣花纹一周，花瓣窄尖。

83.仿龙泉釉花口碟 元
高2.8厘米 口径13厘米

现藏江西省文物考古研究所 1990年临江窑出土。花口，浅腹，有凸棱一周，圈足。施豆青色裹足釉。釉汁莹润、明净，釉色泛灰。内壁饰水波纹和篦纹。

84.仿龙泉豆青釉盏 明
高5.1厘米 口径12厘米

现藏江西省文物考古研究所 1990年临江窑出土。斗笠形，敞口，斜腹，小圈足。内壁饰弦纹一道，其上下各饰有缠枝花草纹样。通体施釉，仅足沿露胎。釉汁肥厚，色泽青翠。

85.青花花鸟纹碗二种 明

（左）高5.5厘米 口径12厘米 （右）高5.8厘米 口径13厘米

　　现藏江西省文物考古研究所 均系1990年临江窑出土。（左）青花花鸟纹碗，残破。敞口、圆唇、深鼓腹、圈足，外足沿经修削。外壁饰"喜（鹊）报三元"图案。（右）青花龟背锦地纹碗，残破。尖圆唇、侈口、深鼓腹、矮圈足。内外满釉仅底足露胎。外壁饰龟背锦图案，内底绘双圈金刚宝杵纹样。青料色泽浓艳有晕散。

86.青花天官赐福碗　明

高6.2厘米　口径12厘米

　　现藏江西省文物考古研究所　1990年临江窑出土。圆唇近直口，深鼓腹，矮圈足，外沿修削。胎质细白。通体旋釉，足沿露胎。外壁采用青料勾绘"天官赐福"图，内底绘松下独诵图。绘图先勾勒线条轮廓，然后再平涂晕染，富有立体感。青花色泽浓艳有棕眼。底足为双圈"长命富贵"款。

87.青花缠枝莲纹碗 明

高6.2厘米　口径12.6厘米

　　现藏江西省文物考古研究所　1990年临江窑出土。口沿残破。尖圆唇，侈口，深鼓腹，矮圈足。内外施釉，仅底足露胎。外腹近口沿饰波涛形组合边纹一道，腹部绘缠枝莲纹。内壁口沿饰弦纹并斜线四点边纹一周，内底绘双圈缠枝莲捧"寿"字图案。色调浓艳明净。

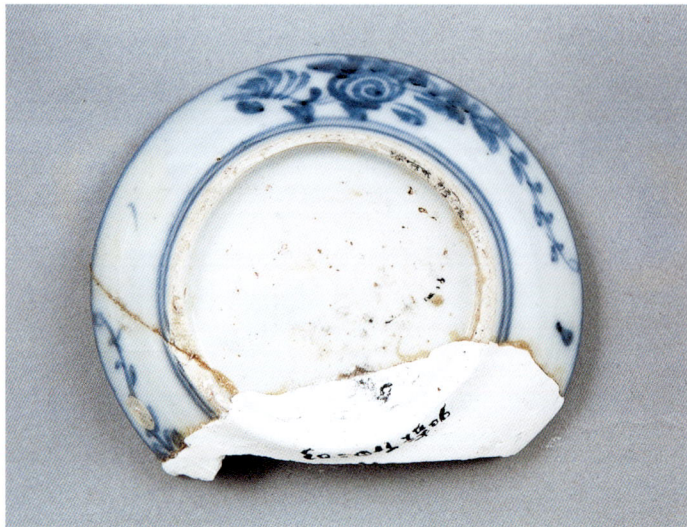

88.青花缠枝莲纹碟　明

高2.5厘米　口径9.4厘米

　　现藏江西省文物考古研究所　1990年临江窑出土。残破。口微敛，浅弧腹，矮圈足，足沿修削。外壁绘对称缠枝莲花，形似"法螺"纹样。内壁饰朵莲图案。

89.青花花草纹盅　明

高3.4厘米～4.1厘米

　　现藏江西省文物考古研究所　1990年临江窑出土。残破。侈唇，深腹，近底部有凸棱一道。内外满釉，足沿露胎，釉汁肥厚，开冰裂细片。外壁色绘缠枝花果纹，内底饰单圈"寿"字款或花草纹样。其中（左）件似采用先勾勒轮廓再平涂晕染技法。

90.青花盘 明

现藏江西省文物考古研究所　1990年临江窑出土。残片。内壁绘双圈云龙纹或水草游鱼纹。先勾轮廓，再平涂晕染。其中（上）下内底饰青花水藻，底心贴塑露胎游鱼纹，鱼体另施以釉上黄褐色彩绘。此器与上海博物馆珍藏吉州窑同类器完全相同。

91.黑釉木叶贴花盏 宋
高5.2厘米　口径11.5厘米

　　现藏天津市博物馆　口微敛，器腹微
弧，圈足。内底釉下饰天然木叶一片，永
不脱落，为吉州窑烧造工艺中独创的一大绝
技。内外满施黑釉，仅底足露浅黄色素胎。

92.黑釉鹧鸪斑纹碗 宋
高4.7厘米　口径8.6厘米

　　现藏天津市博物馆　圆唇微外侈，深腹
微敛，圈足露素胎。内外施黑釉。釉面饰高
温结晶斑，形似鹧鸪胸前羽毛上的斑点，为
宋代著名的结晶釉。造型庄重。工艺精湛。

93.黑釉木叶贴花盏　宋
高5.3厘米　口径15厘米

　　现藏日本东京国立博物馆　侈唇，腹壁斜削。器内壁贴木叶一片，直铺至盏边，设计大胆，构思巧妙。木叶虽然经入窑焙烧，仍新鲜翠绿，脉络清晰。

94.黑釉剪纸朵花纹盏　宋
高6.4厘米　口径11.7厘米

　　现藏日本　口微敛，深腹微弧，至底渐内收，矮圈足。内口沿及内壁各饰釉下剪纸连续几何形花边及散缀朵花图案。制作规整，釉面光洁。

95.黑釉剪纸鸾凤纹盏 宋
高5厘米 口径15厘米

　　现藏日本东京富士美术馆 侈唇，腹壁斜削。宋代吉州窑名贵产品。釉色赭黑，内壁满布窑变兔毫斑纹，釉下再饰以剪纸贴花鸾凤纹图案并衬以朵梅纹样。工艺精湛，独树一帜。

96.白地彩绘唐草纹瓶 南宋
高36.1厘米 口径8.3厘米

　　现藏南京博物院 小口唇外卷，短束颈，溜肩，腹修长微外鼓，矮圈足。口颈部施黑釉，腹下近底饰黑色宽边一道，腹部施透明薄白釉，以褐色彩绘满饰卷枝唐草纹。线条流畅。

图书在版编目（CIP）数据

中国古代名窑. 吉州窑 / 余家栋, 刘杨著. —— 南昌：
江西美术出版社，2016.5（2023.2重印）
ISBN 978-7-5480-4274-7

Ⅰ．①中… Ⅱ．①余… ②刘… Ⅲ．①民窑-瓷窑遗
址-介绍-吉安市 Ⅳ．①K878.5

中国版本图书馆CIP数据核字(2016)第069405号

本书由江西美术出版社出版，未经出版者书面许可，
不得以任何方式抄袭、复制或节录本书的任何部分
本书法律顾问：江西豫章律师事务所　晏辉律师

总 策 划：陈　政
主　　编：耿宝昌　涂　华
副 主 编：王莉英
编　　委：（以姓氏笔画为序）

王建中	王莉英	王健华	叶文程	朱金宇	任世龙	刘　杨	刘　浩
汤苏婴	孙新民	杜正贤	李一平	余家栋	张文江	张志忠	张浦生
陈　政	林忠淦	周少华	赵文斌	赵青云	耿宝昌	郭木森	涂　华
彭适凡	彭　涛	谢纯龙	赖金明	霍　华	穆　青		

责任编辑　窦明月　陈　波
助理编辑　林　通
责任印制　吴文龙　张维波
书籍设计　梅家强　Ｐ先鋒設計　PIONEER DESIGN
电脑制作　江西华奥印务有限责任公司

中国古代名窑系列丛书
ZHONGGUO GUDAI MINGYAO XILIE CONGSHU

吉州窑
JIZHOUYAO

著者：余家栋　刘　杨
出版：江西美术出版社
社址：南昌市子安路66号
邮编：330025
电话：0791-86565819
网址：www.jxfinearts.com
发行：全国新华书店
印刷：浙江海虹彩色印务有限公司
版次：2016年5月第1版
印次：2023年2月第3次印刷
开本：965×1270　1/16
印张：9.25
ISBN 978-7-5480-4274-7
定价：90.00元